LES
BONNES FORTUNES

DE

PIERRE MENDEA.

E. D'ARAQUY.

PARIS

LIBRAIRIE D'AUGUSTE FONTAINE
(ANCIENNE MAISON DAUVIN ET FONTAINE)

35, Passage des Panoramas, et Galerie de la Bourse, 1 et 10

1858

LES

BONNES FORTUNES

DE

PIERRE MENDEA.

Paris. — Typographie de Henri Plon, imprimeur de l'Empereur,
8, rue Garancière.

LES
BONNES FORTUNES

DE

PIERRE MENDEA.

E. D'ARAQUY.

PARIS

LIBRAIRIE D'AUGUSTE FONTAINE

(ANCIENNE MAISON DAUVIN ET FONTAINE)

35, Passage des Panoramas, et Galerie de la Bourse, 1 et 10

1858

LES BONNES FORTUNES

DE PIERRE MENDEA.

LES
BONNES FORTUNES
DE
PIERRE MENDEA.

CHAPITRE PREMIÊR.

Comment Pierre Mendea tua son homme.

Pierre Mendea était le fils d'un honnête cultivateur du pays Basque. On disait son père bon gentilhomme, mais peu favorisé des dons de la fortune, ce qui, déjà du temps du grand roi, faisait, au dire de Petit-Jean, de l'honneur une maladie. Il vivait d'un mince héritage qu'il la-

1

bourait de ses nobles mains avec autant de mérite que Cincinnatus et moins d'ostentation. Cette
noblesse, vraie ou supposée, ne l'élevait pas
au-dessus de la classe des paysans, où le ran-
geait d'ailleurs son manque complet d'instruction. Quoique illettré, il avait fait donner à son
fils une bonne éducation, sans que celui-ci eût
jamais quitté le toit paternel. Un oncle du jeune
homme, frère de sa mère et curé d'une pa-
roisse voisine, l'avait élevé avec un dévouement
paternel.

Pierre n'était point un savant; mais il avait
retenu plus de latin que n'en retiennent d'ordinaire les jeunes gens qui ont langui dix ans sur
les bancs de l'école. Il savait l'arithmétique, et
de la géométrie ce qui peut être d'une application utile dans les usages de la vie; il lisait les
auteurs italiens, parlait le français très-correc-
tement et l'espagnol encore mieux, car il le pro-
nonçait sans accent. Passionné pour les sciences
naturelles, il étudiait la botanique dans ses promenades avec son oncle et empaillait les animaux

avec tant d'adresse, qu'il n'y avait peut-être pas
un presbytère dans l'arrondissement de Bayonne
qui ne possédât un de ses chefs-d'œuvre. Sa
trousse d'empailleur (ou, comme on dit savam-
ment, de taxidermiste) ne le quittait jamais; il
s'en servait partout où il se trouvait dès qu'il
avait un moment de loisir. Nature à la fois
artiste et grossière, rêveuse et énergique, il
était de ces hommes que les paysans, toujours
positifs, appellent, dans le midi de la France,
des *visionnaires*.

L'intelligence du jeune homme avait merveil-
leusement secondé le vieux prêtre dans l'accomplissement de sa tâche; mais la liberté dont
Pierre avait joui pendant ses études, les travaux
agricoles auxquels il n'avait pas cessé de se livrer, par goût autant que par nécessité, avaient
fait de lui un homme pour ainsi dire double :
la solide instruction au fond, la rusticité à la
surface. En le voyant, on sentait pourtant que
cette rude écorce pourrait se polir. Grand, beau,
bien fait, plein de grâce, quoique d'une grâce

un peu sauvage, il avait le regard loyal, la con-
tenance assurée sans hardiesse. Il excellait à
tous les exercices du corps : c'était le premier
coureur d'un pays célèbre pour ses coureurs ;
souvent on l'avait vu, par une grosse mer, se
jeter dans la baie de Biarritz et lutter contre les
vagues pendant une heure. Nul ne maniait le
bâton avec plus d'adresse que lui, et il était
aussi redoutable que redouté.

Des qualités si brillantes pour le pays Basque
et une petite fortune que ni frères ni sœurs n'é-
taient appelés à partager, faisaient de Pierre
Mendea un assez bon parti. Les jeunes filles le
lorgnaient à la messe, se le disputaient à la
danse, le coudoyaient dans les foires ; lorsqu'il
gardait ses bœufs et ses chevaux dans les vastes
pâturages de cette contrée montagneuse, il ne
se passait pas de jour qu'une fillette ne vînt
demander timidement à M. Pierre s'il n'avait
pas vu sa vache, ou sa chèvre, ou ses brebis
qui s'étaient égarées. Pierre répondait poliment,
mais sans jamais dire un mot de galanterie ; son

cœur était pris. L'objet de son amour était à
coup sûr la plus belle fille du pays. Par malheur elle était aussi coquette que belle. La
crainte d'éloigner d'elle sans retour un préten-
dant que toutes ses compagnes lui enviaient
n'avait pu vaincre son funeste penchant. Leurs
querelles étaient fréquentes ; mais le pauvre
Pierre, toujours trompé et toujours rassuré, ne
s'éloignait que pour revenir plus amoureux et
plus soumis.

Il devait y avoir une foire à Bayonne. C'est
pour les campagnards un rendez-vous de plaisirs
autant que d'affaires ; est bien occupé chez soi
qui n'y va pas. Pierre y conduisait des bœufs.
« Je tâcherai de terminer vite mes affaires, dit-il
à Catherine ; il faut que tu me donnes le reste
de la journée. » Elle promit tout ce qu'il voulut.
On fixa le lieu du rendez-vous, l'heure après
laquelle on ne devrait plus s'attendre, et mille
particularités que notre jeune homme crut devoir
préciser afin d'éviter toute erreur. Ils se sépare-
rent, Catherine n'ayant pas retenu un mot de

1.

ce qui avait été convenu, Pierre le plus heureux des hommes.

Le jour de la foire arrivé, il se revêtit de l'élégant costume des Basques, mit de l'argent dans ses poches, et, sautant lestement sur son cheval navarrin, son long bâton à la main, poussa ses bœufs devant lui. Il n'avait pas passé une demi-heure sur le champ de foire, qu'il trouva un acheteur. Il demanda de ses bœufs cinq cents francs. On en offrit quatre cent cinquante, puis on augmenta de vingt francs, de dix, de cinq; il fut inflexible. Un second acquéreur se présentant, le premier se hâta de conclure le marché.

« Va pour cinq cents francs, jeune homme; mais vous payerez bien une bouteille?

— Et deux aussi, répondit-il; qu'à cela ne tienne. »

Le vin bu et l'argent compté, Pierre, libre pour le reste de la journée, courut au rendez-vous. Catherine n'y était pas. Il l'attendit en vain pendant deux heures. Il visita toutes les

boutiques de la ville, interrogea toutes les jeunes
filles de sa connaissance ; on avait vu Catherine,
mais on ne pouvait dire où elle était. Désespéré
de ce manque de parole, humilié de cette froide
indifférence, il sortit de la ville et se promena
au hasard à travers les prairies qui bordent
l'Adour. Il était absorbé dans ses tristes réflexions, lorsque, en relevant la tête, il vit, à
quelque distance de lui, un homme et une
femme assis sur un tertre de gazon. Il tressaillit ; il venait de reconnaître Catherine. Il se
glissa doucement le long des saules pour s'approcher des deux amants sans éveiller leur attention ; précaution inutile, car ils paraissaient
fort occupés. Le jeune homme, que Pierre ne
connaissait pas, avait son chapeau à ses pieds,
son bâton près de lui, et tenait dans ses mains
la main de Catherine. Ils se parlaient de si près
que Pierre crut entendre le bruit d'un baiser.
Ses cheveux se dressèrent sur sa tête, un nuage
voila ses yeux, ses genoux fléchirent ; mais cette
faiblesse ne dura qu'un instant. L'amour, la

colère et la honte lui rendirent toutes ses forces. Il franchit d'un seul bond la distance qui le séparait de l'infidèle, et tomba comme la foudre devant le couple stupéfait :

« Lève-toi, dit-il au jeune homme d'une voix brève, je veux cette femme ! Un homme doit savoir défendre sa.... maîtresse. »

Celui auquel il s'adressait se leva sans répondre un seul mot, enfonça son chapeau sur sa tête, et, saisissant son bâton des deux mains, fondit sur Pierre. Une lutte acharnée s'engagea, pendant laquelle Catherine, épouvantée, s'enfuit à toutes jambes.

L'inconnu était adroit et vigoureux ; cependant la fortune de Pierre ne l'abandonna pas. D'un revers il fit voler le chapeau de son adversaire, et, ramenant vivement son bâton en arrière, déchargea sur sa tête un coup terrible. Le malheureux s'affaissa sur lui-même en poussant un long soupir. Pierre, malgré ses habitudes de brutalité, qui tenaient aux mœurs du pays, était bon et compatissant. Sa vengeance satisfaite, il ne songea plus qu'à secourir sa victime. Il courut à l'Adour, y trempa son mouchoir, et, le pressant entre ses mains, arrosa le visage du blessé dans l'espoir que la fraîcheur de l'eau le ranimerait; mais il reconnut avec effroi que celui qu'il cherchait à secourir était mort. Le coup avait porté au-dessus de l'oreille, et une légère tumeur à la tempe ne lui laissait aucun doute.

Pierre était homme de résolution; il ne perdit pas le temps à déplorer un malheur irréparable. S'étant assuré qu'il n'était vu de personne, il reprit à grands pas le chemin de la ville. Il ne pouvait pas fuir avec le costume qu'il portait, et qui, hors du pays Basque, aurait attiré l'attention; il acheta dans une des nombreuses boutiques dressées pour la foire des habits ordinaires, gagna la rive opposée de l'Adour, mit ses nouveaux habits, fit des autres un paquet dans lequel il enferma une grosse pierre, jeta le paquet dans le fleuve, et quitta la ville en toute hâte.

CHAPITRE DEUXIÈME.

Pierre se sauve en vidant sa bourse.

Il fit tant par ses journées, comme disent les vieilles chroniques, qu'il arriva enfin à la Teste. Là, il prit le convoi du chemin de fer, qui, cette fois par hasard, le conduisit à Bordeaux sans encombre. Le mouvement de cette grande ville, la beauté de ses édifices, l'activité de son port, firent un moment oublier à Pierre ses préoccupations et ses chagrins ; mais ramené bientôt au sentiment de sa position, il se demanda ce qu'il allait faire. Le souvenir de son vieux père, du prêtre respectable qui avait élevé son enfance, se présenta à son esprit, et il versa d'abondantes larmes.

« Et ce malheureux, dit-il, qui a payé si cher

la faute d'une femme sans cœur, il a un père aussi, une mère peut-être !... Quant à Cathe-rine, elle n'aimait ni lui ni moi, elle sera bientôt consolée. »

L'idée de s'être souillé du meurtre d'un homme qui ne l'avait point offensé l'accablait des plus cuisants remords ; et pourtant, telle est l'infir-mité de notre pauvre nature, que, sans se l'a-vouer, il ressentait une secrète joie en pensant que du moins Catherine n'épouserait pas son rival.

Il parcourait les rues de Bordeaux sans trop savoir quel parti prendre. Une grande affiche jaune attira ses regards ; on y lisait en énormes majuscules : « Montevideo, » et plus bas : « Le » brick *le Capricieux,* capitaine Grappinier, » partira pour Montevideo le 15 du courant fixe ; » il prendra du fret et des passagers, qui seront » bien traités et à un prix modéré. S'adresser » au capitaine, quai de Bacalan. » — Je suis sauvé, dit Pierre (le 15 était ce jour-là même) ; pourvu qu'il ne soit pas parti ! Et il courut à l'adresse indiquée. On l'introduisit dans un cabinet où se trouvaient deux hommes. L'un était de petite taille, jeune encore, vif, alerte ; ses yeux brillaient de convoitise. L'autre paraissait avoir quarante-cinq ans. Sa stature élevée, ses yeux bleus, ses cheveux blonds et ce caractère particulier de physionomie que Dieu a imprimé sur chaque race, le faisaient reconnaître pour un Polonais. Le plus petit des deux salua Pierre de la main, et lui demanda d'un air engageant ce qu'il désirait.

« Vous êtes le capitaine Grappinier ?

— Oui, mon ami.

— Je voudrais prendre passage sur votre navire qui va à Montevideo. Quel est le prix ?

— Il y a, dit le capitaine, plusieurs prix. Vous êtes jeune, vigoureux, vous paraissez leste ; si vous voulez vous rendre utile à bord, il ne vous en coûtera que trois cents francs.

— Trois cents francs et mon service à bord ! dit Pierre, cela est trop cher, monsieur le capitaine. »

Oubliant sa triste position, stimulé par le point
d'honneur des campagnards, qui consiste à ne
faire que des marchés avantageux : « Je ne suis
pas pressé, ajouta-t-il, je trouverai mieux. » Et
il se disposa à sortir, bien persuadé qu'on allait
le rappeler.

« Voyons, voyons, jeune homme, dit le capitaine, diable ! vous êtes vif.... A propos, avez-
vous un passe-port ? »

A cette question si simple, mais inattendue,
Pierre rougit et se troubla.

« Un passe-port, balbutia-t-il, cela est donc
nécessaire ?

— Comment, nécessaire ! dit le capitaine en
ricanant ; si nécessaire que je ne peux pas vous
prendre à mon bord si vous n'en avez un. »

Pierre était terrifié. En moins de temps qu'il
n'en faut pour le dire, il se vit reconnu, arrêté,
conduit de brigade en brigade comme un assassin, jugé et condamné. Les horribles détails
d'une exécution se retracèrent à son imagination ; il vit la douleur de son père, il crut en-

tendre la voix du vieux prêtre qui lui reprochait le déshonneur de sa famille.... Tirant vivement sa bourse :

« Monsieur, dit-il, voilà les trois cents francs.

— Doucement, doucement, jeune homme. Je vous ai dit que sans passe-port vous ne pouviez pas être reçu sur mon navire. Les lois sont sévères, et je ne veux pas me compromettre pour un inconnu, peut-être pour.... »

Un désespoir si profond se peignit sur les traits de Pierre, que le compagnon du capitaine Grappinier en eut pitié :

« Allons, dit-il en se levant, allons, capitaine, il faut emmener ce jeune homme avec vous.

— Mais, mon cher commandant, répondit le marin, vous savez aussi bien que moi à quoi je m'expose. Si cet homme a commis....

— Non, dit celui qu'on venait d'appeler commandant, sur sa mine, j'en réponds. »

Il avait remarqué que pendant cette conversation le Bordelais n'avait pas quitté des yeux la bourse que Pierre tenait à la main; s'approchant donc de lui : « Mon garçon, lui dit-il à voix basse, il faut faire un effort : doublez la somme.

— Impossible, monsieur. Cette bourse contient cinq cents francs, c'est tout ce que je possède, mais je les donnerai volontiers.

— Capitaine Grappinier, dit le négociateur, ce jeune homme est raisonnable ; il offre cinq cents francs, c'est tout ce qu'il peut donner.

— Mon Dieu, répondit le marin, ce n'est pas l'argent qui pourra me décider.... Les difficultés m'arrêtent. Comment faire ?

— Eh ! parbleu, dit le Polonais impatienté de tant de simagrées, vous le savez bien ; il passera.... *par-dessus bord.* »

Pierre vida sa bourse sur la table.

« Le navire, dit le capitaine, est à Pauillac ; je m'y rends ce soir. Le vent est bon, nous lèverons l'ancre demain matin. Trouvez-vous ici à l'entrée de la nuit, je me charge du reste. »

Pierre fut exact au rendez-vous.

« Tenez, lui dit le capitaine, voilà de quoi

payer votre place à la diligence de Pauillac. Suivez-moi. »

Le brick *le Capricieux* n'attendait plus que l'arrivée de son capitaine. Lorsque celui-ci descendit de voiture, s'approchant d'un pêcheur, il lui dit en lui montrant Pierre : « Tu vois ce jeune homme, il faut le prendre dans ton canot et aller m'attendre hors de la vue de la douane et du stationnaire. Il n'aura rien à donner, c'est moi qui paye, » ajouta royalement le capitaine.

CHAPITRE TROISIÈME.

Pierre devient soldat dans la légion montévidéenne.
La pêche aux hommes.

Le *Capricieux* avait à peine doublé la pointe
de Graves, que le vent, jusqu'alors favorable,
devint contraire. Il fallut tirer des bordées, et
le golfe de Gascogne, toujours agité, mit à une
rude épreuve le noviciat de Pierre. Logé avec
les matelots, tout occupé de son travail, qui ne
lui laissait guère de relâche, il n'avait eu, depuis
deux jours qu'il était à bord, aucune relation
avec les personnes qui occupaient l'arrière du
navire. Il fut bien surpris, le troisième jour, de
reconnaître parmi les passagers l'homme à l'in-
tervention duquel il devait peut-être la vie. Il
alla à lui et le remercia.

2.

« Vous m'avez tiré d'un mauvais pas, monsieur, lui dit-il.

— Tant mieux, répondit le Polonais, si j'ai eu ce bonheur. Peut-être vous serai-je encore utile ; mais le temps est mauvais, on a besoin de vous, dans un moment plus favorable nous causerons de vos affaires. »

Pendant quinze jours que le brick louvoya sans pouvoir sortir du golfe, Pierre s'appliqua à son nouveau métier comme s'il eût dû en faire l'occupation de toute sa vie. Son agilité, sa force, son adresse, faisaient de lui le premier matelot de l'équipage. Il recherchait les postes les plus périlleux dans l'espoir qu'un cordage casserait entre ses mains, que son pied glisserait sur une vergue ou qu'un coup de mer l'emporterait ; mais sa bonne ou sa mauvaise étoile le réservait à d'autres aventures. Il apprit à connaître et à nommer toutes les parties du navire, et son éducation était faite quand il arriva à Montevideo.

Dès qu'on eut gagné la haute mer, des vents

réguliers permirent au *Capricieux* de suivre sa route, et tout reprit à bord le train monotone des voyages de mer. Un jour, le Polonais, qu'il n'avait plus fait qu'entrevoir, s'approcha de Pierre :

« Avez-vous confiance en moi ? lui dit-il.

— Oh ! confiance entière.

— Eh bien, asseyez-vous là, et dites-moi votre histoire. »

Pierre raconta naïvement, sans rien déguiser, tout ce que l'on sait déjà. Le Polonais l'écouta avec la plus grande attention :

« Que comptez-vous faire, dit-il, à Montevideo ?

— Je n'en sais rien encore.

— Avez-vous un métier ?

— Aucun. Je ne suis qu'agriculteur.

— Tant pis, dit le Polonais ; il n'y a pas d'agriculteurs à Montevideo. Vous n'ignorez pas, sans doute, que cette ville est assiégée, et que les communications, libres par la mer, sont interceptées du côté de la terre ?

« — Je le sais, répondit Pierre ; mais j'ai du courage, j'apprendrai un métier.

— Fort bien. Mais il faut du temps pour apprendre un métier, de l'argent pour payer son apprentissage ; en attendant, on meurt de faim. Vous reste-t-il quelque argent ?

— Pas un sou, dit Pierre avec amertume, en se rappelant la cruelle rapacité du capitaine bordelais.

— La ville de Montevideo, reprit le Polonais, a levé pour sa défense une légion composée de quelques-uns de mes compatriotes, d'Italiens réfugiés, et en grande partie de Français ; avez-vous de la répugnance pour l'état militaire ?

— Nulle répugnance ; il me semble, au contraire, que c'est l'état qui me convient.

— Signez donc cet engagement. »

Pierre signa sans hésiter, et se trouva soldat de la légion montévidéenne, dans le bataillon du commandant Sobrinski.

C'était un étrange composé que cette légion : des Polonais chassés de leur pays par le malheur

des temps, et que l'esprit d'aventure avait poussés
sur ces parages éloignés ; des Français attirés par
l'appât du gain, et que la paresse ou l'inconduite
avaient réduits à s'enrôler ; des Italiens, quelques-uns bandits émérites, prêts à tout, hors à
se battre. Lorsque Pierre Mendea, qui avait pris
sur son acte d'engagement le nom de Solis, eut
été débarqué avec les mêmes précautions qu'on
avait prises pour son embarquement, il fut armé,
équipé et installé dans sa compagnie.

Montevideo, plutôt bloqué qu'assiégé, ne manquait de rien, car la mer était libre. La légion,
trop faible pour tenir la campagne, se bornait à
défendre la ville, tiraillant du haut des remparts, faisant rarement des sorties. De son côté,
l'ennemi restait dans une inaction à peu près
complète : ses cavaliers couraient la campagne,
enlevaient le bétail qui s'éloignait des glacis,
quelquefois des promeneurs imprudents, mais
le cas était bien rare. Deux années s'écoulèrent
sans que Pierre eût la moindre occasion de signaler son courage. Seulement il se faisait re-

marquer par sa bonne tenue, son exactitude à
remplir ses devoirs et sa docilité. Enfin la légion
ayant reçu des renforts par suite d'enrôlements
faits en France et en Allemagne, on résolut de
tenter une sortie. Ce fut pour Pierre un jour de
fête. Sa compagnie, lancée en tirailleurs, couvrait le front des colonnes. Il se battit en brave ;
il fit tout ce qu'on peut attendre d'un homme
consciencieux qui a juré de tuer ses semblables.

Quand il crut avoir assez fait, il songea à
rejoindre ses camarades ; mais il vit, non sans
inquiétude, qu'il s'était considérablement avancé.
Au moment où il se disposait à battre en retraite,
deux cavaliers, cachés par un bouquet d'arbres,
se montrèrent tout à coup à environ deux cents
pas de lui. Ils montaient de petits chevaux qui
parurent à Pierre des chevaux sauvages. Une
selle de bois, des étriers de corde, une lance
grossièrement fabriquée et un coutelas à manche
de corne, tels étaient leur équipement et leurs
armes.

« Voilà, dit Pierre, deux ennemis qui ne me

semblent pas fort redoutables. J'ai encore trois cartouches ; si je peux gagner l'angle que forment ces deux murs, je les attendrai de pied ferme. »

Il tourna le dos, et courut vers le poste qu'il jugeait favorable ; les cavaliers, de leur côté, s'élancèrent à sa poursuite.

Il n'avait plus que quelques pas à faire et se croyait sauvé, lorsqu'une balle siffla à ses oreilles sans qu'il entendît aucune détonation ; des bras invisibles l'étreignirent, il perdit l'équilibre, tomba en lâchant son fusil, et se sentit rapidement entraîné dans la direction du camp ennemi. Heureusement le terrain qu'il labourait ainsi était une pelouse unie ; il n'éprouva d'autre accident que d'assez fortes contusions. Après un quart d'heure de cette course étrange, il s'arrêta comme il était parti, sans pouvoir s'en rendre compte. Avant qu'il fût revenu de son étourdissement, les deux cavaliers étaient auprès de lui. Ils lui lièrent solidement les pieds et les mains, l'emportèrent comme un enfant au maillot, et, le plaçant en guise de manteau sur le cou des chevaux, la tête d'un côté, les pieds de l'autre, ils se remirent en selle et continuèrent tranquillement leur chemin, en maintenant les chevaux serrés l'un contre l'autre. Quelque désagréable que fût la nouvelle position de Pierre, il en éprouva un notable soulagement. Si sa course fantastique eût duré un quart d'heure de plus, c'en était fait de lui. Pendant le trajet, l'un des cavaliers s'occupa de dérouler une forte lanière de cuir qui entourait de plusieurs tours le corps et les bras du prisonnier, et au bout de laquelle était fixée une balle de plomb. Pierre s'expliqua alors sa chute, sa course involontaire, et se souvint d'avoir entendu parler de cette arme redoutable.

L'arrivée d'un prisonnier causa une révolution dans le camp, ou plutôt dans la ville ; car ce siége, mémorable en ce qu'il dura aussi longtemps que le siége de Troie, avait forcé les assiégeants à se construire des demeures fixes. Le bruit arriva jusqu'au général, qui voulut voir le prisonnier.

Pierre fut introduit. L'Agamemnon de ces nouveaux Grecs, à demi couché sur un canapé de
paille et entouré de ses officiers, était un homme
maigre et sec, jaune comme un parchemin, miné
par la fièvre. Il interrogea Pierre sur les forces
de la ville, sur ses ressources, sur les disposi-
tions des habitants. Pierre ne crut pas devoir se
piquer d'héroïsme; il dit franchement tout ce
qu'il savait. Ces renseignements s'accordaient
sans doute avec ceux que le général tenait de
ses espions, car il ne fit aucune objection.

Cependant la foule hurlait au dehors et demandait à grands cris la mort du prisonnier, qui
s'attendait à la plus funeste aventure; il fut
agréablement détrompé. Son Excellence était de
bonne humeur : elle n'avait pas eu la fièvre ce
jour-là, et sa maîtresse venait de sortir.

« Voilà un drôle qui figurera bien dans la
garde du dictateur, dit le général en s'adressant
à un officier; faites-le partir à la première occasion. »

Celui auquel Pierre venait d'être confié fit

3

dissiper la foule par la garde placée devant le
quartier général, et une bonne escorte conduisit
le prisonnier sur les derrières du camp. On l'introduisit dans un bâtiment carré, dont le milieu
formait une cour entourée de hangars. Ce fut
sous un de ces hangars qu'on le logea. On lui
mit les fers aux pieds et aux mains, la chaine
principale fut attachée par un cadenas à un an-
neau scellé dans une énorme pierre fixée au sol,
et il eut la liberté de se promener dans un cercle
de six pieds de diamètre.

CHAPITRE QUATRIÈME.

Germain Ballon. Une apparition.

L'occasion attendue ne tarda pas à se présenter. Le bateau à vapeur chargé de la correspondance transporta Pierre à Buenos-Ayres. Il fut incorporé dans la garde du dictateur, et, comme l'avait dit le général, il ne la déparait pas. Sa solde était assez forte, régulièrement payée, il était bien vêtu, bien nourri, son service était facile et lui laissait beaucoup de temps; il résolut de mettre ses loisirs à profit en se créant quelques ressources.

Presque tous les négociants de Buenos-Ayres sont Anglais ou Français. Pierre entra dans la boutique d'un parfumeur pour faire emplette d'une brosse. A la vue d'un soldat qui parlait le français correctement et même avec élégance, le marchand, surpris, lui demanda comment il se faisait qu'un compatriote se trouvât soldat à Buenos-Ayres.

« Je ne suis point Français, répondit Pierre, mais Espagnol. J'ai été pris devant Montevideo, et trop heureux de sauver ma vie en endossant cet uniforme. »

Germain Ballon paraissait être du même âge que Pierre ; c'était un garçon d'un caractère gai et obligeant, qui, au premier abord, plut beaucoup à Pierre. De son côté, Germain trouvait dans ce soldat tant de distinction, qu'il supposa que des malheurs immérités avaient pu seuls le réduire à la condition où il le voyait. Pierre d'ailleurs était complétement changé : il avait toujours son regard loyal et sa mine assurée, mais toute rudesse avait disparu de ses manières. Les affreuses suites de sa violence passée l'avaient rendu doux et poli. Germain offrit ses services, qui furent acceptés avec reconnaissance.

« Que comptez-vous faire ? demanda-t-il.

« — Ma foi, répondit Pierre, vous m'embarrassez. Je peux faire beaucoup de choses, sans en pouvoir préciser une.

— Avez-vous une belle écriture?

— Assez belle.

— Nous ne chercherons donc pas plus longtemps. Mes comptes sont mal tenus, chargez-vous-en. Dès que vous serez libre de votre service, vous me consacrerez une heure ou deux dans la soirée. »

Le soir même Pierre entrait en fonctions, et l'on convenait d'une rétribution modeste, mais suffisante.

Une fréquentation de tous les jours lia bientôt étroitement ces deux hommes. Sans la chercher, ils trouvèrent la pierre philosophale : l'amitié; non cette fausse amitié telle que la pratique le monde entre tyran et victime, dupe et exploiteur, égoïste et dévoué, fatal sentiment où deux cœurs ne s'unissent que parce que l'un absorbe l'autre, où le plus indigne se laisse adorer et dorer avec la stupide majesté d'une idole, mais

3.

l'amitié jumelle qui vit de réciprocité, qui fait
que le plus fort, le plus sage, le plus riche s'inclinant vers son ami, l'autre, par un juste orgueil, s'élève jusqu'à lui à force de courage,
d'abnégation, de désintéressement, de telle sorte
que chacun, ardent au sacrifice, voudrait l'épar-
gner à son ami ; noble lutte qui fortifie au lieu
d'énerver, qui purifie et ne souille pas ! Que si
le plus faible, c'est-à-dire le plus passionné des
deux, succombe, il peut sans honte tendre la
main à son ami, pourvu que celui-ci lui en
laisse le temps.

Pierre avait-il un moment à lui, il courait à la
boutique de Germain, l'aidait à déballer ses caisses, à mettre en ordre ses marchandises, faisait
des commissions que Germain eût été obligé de
payer, puisqu'il ne pouvait quitter son magasin.
Ces services désintéressés, cette inépuisable com-
plaisance, touchèrent le marchand. Il parla d'aug-
menter les petits honoraires de son ami ; mais
celui-ci parut si blessé de la proposition, que
Germain n'osa insister. Pierre était sage et rangé

toutes les fois que son imagination le lui permettait. Il n'avait dans son corps que des camarades, et pas d'amis ; les habitudes de débauche
et d'ivrognerie de ces hommes lui répugnaient.
L'argent qu'il ne dépensait pas pour l'entretien
de son bagage de soldat, il le mettait en réserve,
et ce petit pécule, joint à la rétribution de Germain, lui forma au bout de six mois juste la
somme qu'il avait vue passer si tristement de sa
poche dans celle du capitaine Grappinier.

Germain venait de recevoir de France un en-
voi de parfumerie. Pierre avait déballé les caisses,
son ami avait garni les rayons de la boutique, et
tous deux se reposaient dans une pièce séparée
du magasin par un vitrage, quand une voiture
s'arrêta devant la porte. Un homme et une femme
en sortirent et entrèrent chez le parfumeur. Germain se précipita à leur rencontre, salua avec
un profond respect, en s'empressant d'étaler ses
plus belles marchandises. Pierre, resté dans l'ar-
rière-boutique, eut tout le loisir d'examiner cette
femme. Elle n'était peut-être plus dans la pre-

mière fleur de la jeunesse ; mais elle était si
belle qu'on ne songeait point à rechercher son
âge, qui d'ailleurs n'excédait pas vingt-cinq ou
vingt-six ans. Son visage était du plus beau type
espagnol, exempt d'une défectuosité de la bouche qu'on remarque quelquefois chez les hommes
de cette race ; elle était d'une taille au-dessus de
la moyenne, pleine de grâce et de souplesse,
quoique ornée d'un juste et succulent embon-
point. Ses bras, que des manches larges et courtes
laissaient voir jusqu'au coude, auraient ravi d'admiration un peintre ou un sculpteur. Lorsqu'elle
ôta ses gants, elle montra aux yeux éblouis de
Pierre des mains royales. Le cavalier qui accom-
pagnait cette belle personne ne lui ressemblait
en aucune façon : c'était un petit homme voûté,
au nez recourbé, au regard inquisiteur, mal-
propre, et dont les doigts maigres et crochus portaient à leur extrémité une forte teinte de bistre
due à l'usage presque continuel du tabac en papier. Mais celui-là, Pierre le connaissait bien.
C'était le commandant de la place, l'invincible

général don Hernandez Ayacucho, le bras droit
du dictateur, la terreur de Buenos-Ayres.

La belle visiteuse acheta des gants, de la parfumerie, et regagna sa voiture suivie de Germain,
qui ne quitta la place que quand l'équipage se
fut éloigné.

« Ah ! mon ami, la belle personne ! dit Pierre
avec enthousiasme. Est-ce la femme du général?

— Non, c'est sa fille, doña Manuela. Elle
passe pour être impitoyable comme son père, et
pourtant on connaît d'elle des traits de charité
dignes d'une sainte. C'est une énigme. Elle a
refusé jusqu'ici de se marier par dédain pour les
hommes, disent les uns, tandis que d'autres
assurent qu'elle a des amants. Mais sur ce point
il est prudent de se taire. »

CHAPITRE CINQUIÈME.

Ambrosiæque comæ divinum vertice odorem
Spiravere.

L'hôtel de don Hernandez Ayacucho avait son
entrée sur une des rues les plus fréquentées de
Buenos-Ayres. On pénétrait d'abord dans une
cour. En face, au rez-de-chaussée et dans le
corps principal, se trouvaient les bureaux de la
place et les cuisines, séparés par un escalier qui
conduisait aux étages supérieurs ; à gauche,
dans une aile faisant saillie, le cabinet du général ; à droite, dans une autre aile parallèle à
la première, un salon et une salle à manger.
De ces deux pièces, on allait dans un vaste jardin. A l'extrémité de ce jardin une grille en fer
s'ouvrait sur une petite place. L'appartement
du général était au premier étage, au-dessus de

son cabinet ; celui de Manuela correspondait au salon et à la salle à manger, ayant vue sur le jardin et sur la grande rue. Un petit escalier indépendant conduisait de cet appartement dans le jardin, sans communiquer avec aucune des pièces de l'hôtel. Tout cet ensemble composait un rectangle dont un des longs côtés était formé par la grande rue et l'autre par une ruelle à peu près inhabitée. La moitié de cette surface rectangulaire était occupée par l'hôtel, l'autre moitié par le jardin, lequel communiquait avec la cour par un corridor séparant le salon de la salle à manger. La porte cochère servait d'entrée et de sortie ; la grille de sortie seulement, et pour les militaires de service. Un factionnaire placé à cette grille faisait exécuter rigoureusement la consigne.

Don Hernandez mettait dans sa manière de vivre la régularité du soldat. Le matin, Manuela descendait de son appartement par le grand escalier, traversait le vestibule en passant devant les bureaux de la place, et allait prendre le choco-

lat dans le cabinet de son père. A midi on déjeunait ; à une heure toute la maison dormait, hors
les deux factionnaires et les commis des bureaux.
Cette sieste durait jusqu'à deux, quelquefois
jusqu'à trois heures. A six heures le général
montait dans l'appartement de sa fille, chez laquelle il restait jusqu'au moment du diner. La
soirée était consacrée à la promenade, aux visites
reçues ou rendues, à tous les devoirs enfin
qu'impose le monde.

Manuela jouissait chez son père de la plus
grande indépendance. Son caractère ferme impo-
sait à ce vieillard farouche ; ses prévenances le
charmaient ; sa retenue lui inspirait toute confiance. On a vu que la calomnie, ou si l'on veut
la médisance, n'avait pas épargné Manuela ;
mais sa conduite apparente était irréprochable.
De vagues soupçons planaient sur elle, aucune
preuve ne venait les confirmer. Jamais un mot,
un geste, un regard, ne démentirent sa parfaite
indifférence pour les hommes qu'elle rencontrait
dans le monde. On finit par attribuer les propos

qui couraient sur son compte à quelque sotte vengeance d'amant rebuté. Mais, en renonçant au mariage, Manuela n'entendait pas vivre de la triste vie d'une vieille fille : toutes les libertés honnêtes qu'une femme peut prendre, elle les prenait. Le monde s'y était habitué. Elle était mariée sans mari.

Ces détails serviront à expliquer ce qui arriva plus tard à Pierre Mendea. Il quitta son ami la tête en feu et erra au hasard dans la ville. L'image de Manuela semblait marcher à côté de lui. Peu à peu il tomba dans une profonde rêverie : tout ce qui l'entourait disparut à ses yeux et il se trouva lui-même transformé ; il n'était plus soldat, il était riche ; introduit dans la bonne compagnie de Buenos-Ayres, il voyait Manuela tous les jours ; il triomphait de son indifférence ; un regard d'abord, puis un mot l'encourageaient ; il l'avait vue tressaillir au contact involontaire de leurs mains. Il hasardait une lettre, refusée avec indignation ; on s'humanisait pourtant, et après des prodiges d'amour et d'éloquence, il obtenait un rendez-vous. Une vieille qu'il payait au poids de l'or, la nourrice de Manuela (et qui pouvait-ce être que sa nourrice!), les recevait dans un taudis bien sale, bien enfumé, bien noir, que Manuela *illuminait de sa beauté*. Il était respectueux, puis tendre, puis exigeant; elle était tremblante, digne, sévère. Enfin il l'embrasait du feu de son amour. Il en était aux dernières témérités quand il franchit le seuil de la caserne. L'heure de l'appel était passée, on lui infligea vingt-quatre heures de consigne. La voix du sergent fit sur Pierre l'effet d'une douche sur la tête d'un fou; il rougit de sa sottise, et gagna piteusement son lit.

Huit jours s'étaient écoulés. Pierre riait de ses châteaux en Espagne si vite écroulés au souffle du sergent de semaine, lorsqu'il reçut l'ordre de porter des dépêches aux bureaux de la place. C'était un service journalier, et il ne passait guère de mois sans remplir deux ou trois fois, pour son compte, ces sortes de commissions. Il se rendit donc à l'hôtel d'Ayacucho,

remit les paquets dont il était chargé, en prit
d'autres destinés à la partie de la ville qui se
trouvait au delà du jardin, et, suivant l'usage
en pareil cas, parcourut le vestibule pour se
rendre à la grille. Au moment où il passait devant le grand escalier, une femme en descendait
et se trouva en face de lui. C'était doña Manuela,
qui se rendait dans le cabinet de son père. La
rencontre avait été brusque; elle se détourna
pour laisser passer le soldat. Pierre, dans la
même intention, fit aussi un mouvement, mais
du même côté. Il s'établit alors entre eux la
pantomime comique de deux personnes qui, sur
une voie large et unie, cherchant à s'éviter se
rencontrent toujours. Au bout de quelques secondes, Pierre désespéré sauta en arrière et se
colla au mur. Manuela dirigea un regard curieux
sur le personnage qui l'avait ainsi tenue en échec,
et dont le visage exprimait naïvement l'admiration, le respect, la douleur, la honte de sa gaucherie. La belle señora y vit-elle autre chose?
c'est ce qu'apprendra la suite de cette histoire.

Elle sourit et continua son chemin, laissant après elle, comme la Vénus antique, un suave parfum.

« Parbleu ! se disait Pierre en arpentant le jardin, si j'avais été le beau monsieur de l'autre jour, j'aurais bien avancé mes affaires ! »

CHAPITRE SIXIÈME.

Qu'il ne faut désespérer de rien.

———

L'occasion de porter des dépêches au bureau de la place ne tarda pas à se présenter encore, et Pierre accomplit sa mission sans aventure désagréable. Il s'en félicitait déjà, lorsqu'au milieu du jardin il vit devant lui, et marchant cette fois dans la même direction, Manuela qui tenait un livre à la main : c'était le *Don Quichotte* de Michel Cervantès qu'elle lisait depuis six ans, toujours à la même page. Il fut tenté de prendre une allée détournée, car le souvenir de sa maladresse le couvrait de confusion; mais il vit tout à coup Manuela fléchir sur ses genoux : laissant tomber son livre, elle poussa un cri étouffé et appuya la main contre un arbre. Poser

4.

ses dépêches, s'élancer vers elle, fut pour Pierre l'affaire d'une seconde.

« Mon Dieu ! señora, dit-il d'une voix tremblante d'émotion, vous êtes-vous blessée ?

— Je le crains, répondit Manuela, le pied m'a tourné….

— Une entorse peut-être ! Gardez-vous de marcher. »

En disant ces mots, il la prit doucement entre ses bras et la porta sur un banc.

« Je cours à l'hôtel avertir vos gens, dit-il.

— N'en faites rien. Pourquoi inquiéter mon père ? Voyons d'abord si cela en vaut la peine.

— Souffrez-vous beaucoup ? demanda Pierre avec une candeur charmante.

— Ce n'est plus qu'un engourdissement, répondit-elle ; et elle tendit un pied qu'elle tenait certainement d'une fée. Que je suis poltronne ! ajouta-t-elle en riant, je n'ose le remuer. »

Pierre s'agenouilla, prit entre ses mains le pied malade et lui imprima une légère flexion. Ce premier essai n'ayant eu aucun résultat fâcheux, il en fit un second, et la señora enhardie continua l'expérience.

Or, il arriva que dans ses évolutions ce pied mignon effleura la bouche de Pierre. Il y mit un ardent baiser. Soit que Manuela ne s'en fût pas aperçue, soit qu'elle ne vît dans cette hardiesse d'un pauvre soldat qu'un hommage rendu à sa beauté, elle ne parut point offensée.

« Je vous remercie, dit-elle, de votre bonne assistance, et je serais heureuse de faire quelque chose pour vous. Je ne sais si je me trompe, mais il me semble que cet habit de soldat cache un homme bien élevé; vous en avez du moins le langage. »

Pierre, à ces mots, crut voir le ciel s'ouvrir devant lui.

« Il est vrai, dit-il, señora, que d'étranges aventures m'ont réduit à la condition où vous me voyez; mais telle est ma misère que je ne désire point en changer. »

Il parlait ainsi, debout devant Manuela assise

sur le banc. Le costume militaire rehaussait encore sa bonne mine. Ses vêtements, en dessinant ses formes dans toute leur mâle élégance, semblaient vouloir prouver que la nature ne l'avait pas traité en marâtre.

« Votre histoire est donc bien intéressante? dit Manuela d'un air enfantin. Vous devriez me la raconter, je suis folle d'histoires.

— Je suis à vos ordres, señora; mais je dois vous avertir que ce sera long....

— Oui, et il est tard. Je pars ce soir pour la campagne, je ne serai ici que dans huit jours; ainsi donc à lundi prochain, mais pas à la même heure.... à une heure, si vous voulez. Croyez, seigneur cavalier (car c'est ainsi désormais qu'il faut vous appeler), qu'il ne tiendra pas à moi que la fortune ne répare ses torts envers vous. Mon père a du crédit. Adieu. »

Ces derniers mots furent dits d'un ton de dignité qui déconcerta l'heureux soldat et dissipa les fumées de son amour-propre.

« Voilà une étrange femme, dit-il en ramas-
sant ses dépêches. Mais la voie est ouverte, et
je ne peux trouver au bout que la fortune ou
l'amour. »

CHAPITRE SEPTIÈME.

Où il sera prouvé une fois de plus que le vrai moyen de séduire les femmes est de leur raconter son histoire.

Depuis l'aventure de la caserne, Pierre était en garde contre son imagination. Cependant une partie du rêve qu'il avait fait tout éveillé venait de s'accomplir ; il avait vu Manuela, il allait la revoir ; il avait franchi, presque sans s'en douter, l'obstacle le plus difficile, un peu de présomption était bien excusable. Une idée le tourmentait donc : le linge des soldats ne brille pas, on le sait, par la finesse, et trois chemises ne permettent pas de renouveler souvent sa toilette. En vain la raison lui disait-elle qu'il ne serait jamais appelé à étaler sa misère, un démon le poussait, il céda. Il se composa un trousseau de la plus fine toile de Hollande; il prit chez son ami des savons, des pommades, des eaux de senteur, au grand ébahissement du bon Germain, qui gémissait en secret de ces profusions. Ses emplettes payées, il se trouva aussi net que le jour où il mit le pied sur le *Capricieux*.

Les huit jours lui parurent un siècle. Le lundi arrivé, il se trouvait avant midi devant la porte de l'hôtel. L'horloge sonna enfin une heure, et Pierre, muni d'un paquet auquel il avait donné la forme ordinaire des dépêches, alla vers les bureaux, feignit d'entrer, de ressortir avec de nouvelles dépêches, et prit le chemin du jardin, le cœur palpitant d'espoir et de crainte.

« Elle n'y sera pas, » se disait-il.

Manuela se promenait dans l'allée principale. Elle prit un petit sentier qui menait vers la ruelle, et Pierre la suivit. Un cabinet de verdure, masqué par des massifs d'arbres, offrait une retraite impénétrable aux rayons du soleil et aux regards indiscrets. Le long du mur auquel il s'appuyait se trouvait un large banc de gazon où Manuela s'assit en faisant signe à Pierre de prendre place à côté d'elle.

Elle était éclatante de beauté : dans ces jours d'étouffante chaleur une robe de mousseline la couvrait à peine ; les longues boucles de ses riches cheveux bruns flottaient sur ses épaules nues, entremêlés de fleurs de jasmin ; un peu d'émotion soulevait sa poitrine, et de fugitives couleurs couraient sur ses joues d'un blanc mat.

« Ma démarche, dit-elle d'un air sérieux, doit vous paraître singulière. Je ne vous connais pas, et votre condition (je peux le dire, puisque vous n'êtes pas à votre place) semble devoir interdire toutes relations entre nous ; mais apprenez, seigneur cavalier, que je ne consulte dans mes actions que ma conscience et ce que je crois être mon devoir. La distance que la fortune a mise entre nous est précisément ce qui nous réunit aujourd'hui. Vous êtes malheureux, je peux changer votre sort, je n'ai point hésité. »

Pierre s'humilia dans un si profond respect,

que la señora effrayée crut devoir adoucir ce
que sa harangue avait de trop solennel. Elle lui
jeta un regard qui ralluma ses flammes : « Parlez, je vous écoute, et surtout, dit-elle d'un ton
enjoué, en mettant un doigt sur sa bouche,
soyez sincère. »

Pierre parla assez longuement. Fut-il sincère?
Dans son récit, son père n'était-il qu'un modeste
paysan? Avait-il lui-même gardé les bœufs?
L'arme qui frappa son rival était-elle bien un
bâton? En vérité je n'oserais l'affirmer, tant je
crains d'avoir moi-même brodé quelques détails
de cette très-véridique histoire. Manuela l'écouta,
ou ne l'écouta pas ; mais il n'avait pas besoin,
comme Othello, de faire oublier sa figure à
force d'éloquence. Quand il eut cessé de parler,
elle parut céder à une douce rêverie et se pen-
cha à demi sur le banc de gazon, dans une attitude pleine de langueur et d'abandon.

Pierre Mendea n'était pas contemplateur ; il
accordait beaucoup à la matière, car il savait
que le plus fin spiritualiste retrouve ses appétits

en déposant la plume. Aussi, lorsqu'à quatre heures il quitta le jardin, était-il joyeux comme un joueur heureux, léger comme du liége.

CHAPITRE HUITIÈME.

Ne faites jamais raccommoder les bijoux
de votre maîtresse.

Le jardin n'était pas un lieu sûr pour les
deux amants ; Manuela reçut Pierre chez elle.
Il entrait dans l'hôtel comme porteur de dépêches, traversait le jardin, s'enfonçait dans les
petites allées latérales, et arrivait sans être vu
à l'escalier dérobé. L'heure qu'ils avaient choisie
leur donnait d'ailleurs toute sécurité : maîtres
et domestiques dormaient dans l'hôtel gardé par
les factionnaires. Manuela était un étrange composé de coquetterie et de franchise, de noncha-
lance et d'ardente volupté, de sérieux et d'en-
fantillage. Les heures s'écoulaient avec elle
comme des secondes ; aussi Pierre, plongé dans

les délices de son amour, avait-il fort négligé
l'ami Germain. Il se rendait le soir au magasin,
mettait au net le brouillon des comptes de la
journée, et se retirait comme un mercenaire
après l'accomplissement de sa tâche. Germain
souffrait de ce refroidissement. Il avait trop de
bon sens pour n'avoir pas reconnu la supériorité
de Pierre, et trop de cœur pour en être jaloux.
Il l'aimait sincèrement. Dans les premiers jours
de leur liaison, il avait essayé d'établir entre
eux un échange mutuel de confidences; la réserve de Pierre lui fit comprendre qu'il y avait
dans sa vie des secrets qu'il fallait respecter. De
son côté, Pierre n'adressa jamais à Germain
une question sur son passé, ne croyant pas pouvoir user d'un droit qu'il n'accordait pas à son
ami.

Mais si, par une convention tacite, ils s'é-
taient interdit toute confidence sur leur vie passée, il n'en était pas de même pour le présent;
l'amitié ne saurait subsister à de pareilles conditions. Lors donc que Pierre se rendit le soir

au magasin, Germain l'arrêta au moment où il sortait :

« Pierre, lui dit-il, vous ne m'aimez plus.

— Moi! dit Pierre étourdi de cette apostrophe, et pourquoi?

— Parce que vous ne venez plus ici pour moi, mais pour remplir une tâche à laquelle vous croyez être astreint. Écoutez, Pierre, nous autres marchands, nous passons pour tenir plus à notre argent qu'à nos amis. Peut-être trouvez-vous que j'ai abusé de votre amitié. Vous êtes franc, répondez. »

Pierre prit la main de Germain dans les siennes et l'entraîna au fond de la boutique.

« Mon bon Germain, dit-il, je ne recherche pas lequel de nous deux a des obligations à l'autre; quiconque fait ce calcul, est indigne d'être aimé. Mais il est vrai que j'ai à me reprocher d'avoir manqué de confiance avec vous. Plus tard vous connaîtrez toute ma vie, et peut-être excuserez-vous ma réserve. Après cet aveu, faut-il vous dire, mon bon, mon cher Germain,

5.

que je ne peux pas même vous expliquer les motifs de la négligence dont vous vous plaignez? Votre commerce vous occupe tout entier; vous trouvez votre bonheur dans le travail. Eh bien, Germain, je suis heureux aussi.... à ma manière.

— Puisque vous m'aimez, répondit Germain, je suis tranquille, je crois deviner votre bonheur, il passera; il n'en sera pas de même de notre amitié. » Puis, comme par un secret pressentiment, il ajouta : « Vos goûts me font croire que vous ne vous êtes point adressé à une de ces femmes qu'on peut fréquenter impunément. Prenez garde, la justice de ce pays est expéditive. »

En parlant ainsi, il ne soupçonnait pas toute l'étendue du bonheur de son ami et du danger qu'il courait. Cette conversation attrista Pierre : «Si Germain eût été moins bon et moins franc, se dit-il, je perdais un ami. »

Mais Manuela l'attendait le lendemain, il n'eut plus de pensées que pour elle.

L'appartement de la belle señora se trouvait, comme on l'a dit, dans l'aile qui donnait sur le jardin, et avait deux entrées; l'une par le grand escalier de la cour, l'autre par l'escalier dérobé. Ce dernier était exclusivement réservé à Manuela et à son père. Le lendemain du jour où il avait eu son explication avec Germain, Pierre, assis sur un divan que ses dimensions pouvaient faire passer pour un lit, la tête sur l'épaule de sa maîtresse, jouait avec ses cheveux. Manuela avait déployé ce jour-là toutes ses séductions, et Pierre prodigué tous les trésors de son amour, si bien qu'ils avaient oublié l'heure.

« Il vous manque une boucle d'oreilles, » dit Pierre en écartant les cheveux de Manuela.

On chercha, et la boucle fut trouvée au pied du divan, mais faussée.

« C'est votre faute, dit Manuela d'un ton boudeur et enfantin. Pour vous punir, vous les porterez (elle détacha l'autre) chez l'orfèvre français qui demeure sur la place d'armes. Il redressera celle qui est faussée et les nettoiera toutes deux. Première punition.

— Et la seconde ?

— La voici, maladroit. » Et elle tendit ses lèvres.

La commission dont elle chargeait Pierre était fort simple et ne pouvait donner lieu à aucun soupçon, car les soldats de service ou plantons remplissent souvent ces devoirs de domesticité.

« Il faut partir, » disait Pierre tandis qu'ils marchaient vers la porte, recommençant toujours leurs interminables adieux.

Arrivée sur le seuil, Manuela s'arrêta ; un pas bien connu retentissait dans l'escalier.

« Mon père ! » s'écria-t-elle, et elle poussa Pierre dans son cabinet de toilette, dont elle ferma la porte juste au moment où le général entrait chez elle.

Ouvrir la fenêtre, sauter du premier étage dans le jardin, eût été pour Pierre un jeu d'enfant ; mais toute la maison était sur pied, il

pouvait être vu, il aima mieux attendre l'évé-
nement. — Les femmes, pensa-t-il, se tirent
toujours d'affaire.

Le général remarqua en entrant la pâleur de
sa fille; il lui demanda si elle était malade.

« Non, mon père; je dormais, vous m'avez
réveillée en sursaut. Mon bon père, continua-
t-elle de ce ton câlin qui apprivoisait le vieux
dogue, pourquoi cette aimable surprise? ce
n'est pas votre heure.

— J'ai laissé hier ici des papiers importants,
dit le général, dont j'ai besoin à l'instant même.

— Oh! non, mon père, vous n'avez rien
laissé ici, j'en suis sûre.

— Et moi, sûr du contraire. Pourvu que tu
n'en aies pas fait des papillotes! »

Et avant qu'elle pût dire un mot, ou faire un
geste pour l'en empêcher, don Hernandez Ayacucho pénétra dans la cachette de Pierre.

En voyant un homme, un soldat, dans le cabinet de toilette de sa fille, l'invincible général
resta pétrifié. Il aspira lentement une bouffée

de tabac qu'il chassa par ses narines comme par deux cheminées, et dit d'une voix sévère : « Que fais-tu là ? »

Le pauvre Pierre était incapable de répondre un seul mot ; il comprenait son imprudence et l'énormité de sa faute. N'obtenant pas de réponse de ce côté, le général se tourna vers sa fille et répéta la question : « Que fait cet homme chez vous ?

— Miséricorde ! dit Manuela en jetant les hauts cris, un homme ! un homme chez moi !!... Sainte Vierge ! ce ne peut être qu'un voleur.

— Hum ! fit le général d'un air incrédule ; eh bien, qu'on le fouille !

Les valets étaient accourus aux cris de leur maîtresse ; Pierre fut saisi, fouillé, et, au grand soulagement de don Hernandez Ayacucho, on trouva sur le coupable les boucles d'oreilles en diamants.

CHAPITRE NEUVIÈME.

Pierre se sauve du feu par l'eau.

Le lendemain il n'était bruit dans Buenos-Ayres que d'un voleur qui, sous l'habit de soldat, s'était introduit chez doña Manuela pendant son sommeil, avait volé ses diamants et manqué de lui faire Dieu sait quoi. Pierre ne dit rien pour sa défense. Déshonorer sa maîtresse, même perfide, était une lâcheté ; l'idée ne lui en vint pas. Un seul homme devina la vérité, Germain, qui connaissait trop son ami pour le croire capable d'une action infâme. Comme il l'avait dit, la justice du pays était expéditive et terrible : Pierre fut condamné à être fusillé. En apprenant ce fatal dénoûment, Germain ressentit le plus violent désespoir : « C'est ma faute, se disait-il, j'ai manqué de courage ; de lâches scrupules m'ont arrêté. J'aurais dû l'interroger, le forcer à me confier son secret, et l'arracher malgré lui au danger. A quoi lui aura servi mon amitié ? hélas ! à le perdre, puisque s'il ne m'avait pas connu, il n'aurait peut-être jamais vu cette femme. »

Le digne garçon prétexta un voyage, plaça dans sa boutique un homme de confiance, et loua une petite chambre tout près de la prison.

« Je le verrai, dit-il, ne fût-ce qu'au moment où il ira mourir. Un regard ami le consolera et l'encouragera. Cela est affreux pour moi ; mais ce sera la punition de ma faiblesse. »

Germain, dont l'âme était forte et dévouée, se jugeait sévèrement.

Le jour fatal arriva enfin. Le malheureux Pierre, après avoir supporté les angoisses de la prison et joué la lugubre comédie que les mœurs espagnoles imposent aux condamnés, sortit pour être conduit au supplice. Les exécutions se font à une assez grande distance de la ville, sur le

bord du fleuve ou plutôt du vaste bras de mer qui
sépare les deux républiques rivales. Pierre, vêtu
d'un pantalon de toile légère, n'ayant sur lui
que sa chemise, marchait, les mains liées derrière le dos, entre deux soldats armés seulement
de leur sabre, et qui semblaient destinés à le
soutenir plus qu'à empêcher sa fuite. Un piquet
de douze hommes les précédait, et un assez fort
détachement fermait la marche. Le jour paraissait à peine lorsqu'on quitta la ville. Des curieux,
que le pas cadencé des soldats avait attirés à leurs
fenêtres, se hâtant de descendre, suivirent le
cortége, qui grossit en traversant la ville. Pierre,
un peu pâli par la prison, marchait avec assurance, mais sans forfanterie. Il portait sur la
foule des regards calmes et fiers, car le sentiment de son innocence le fortifiait, et la générosité par laquelle il avait répondu à la plus
insigne perfidie le grandissait à ses propres
yeux. Ceux qui ont vu la mort de près et y ont
miraculeusement échappé peuvent seuls savoir
quelles pensées l'agitaient. A Dieu ne plaise que

j'en fasse un héros ! En présence d'une fin prochaine, fatale, inévitable, il regretta pendant ce
long trajet de mourir si jeune. Faut-il le dire ?
il regretta son indigne maîtresse. Hélas ! Pierre
avait vingt-deux ans et vingt jours de prison.

Plus on approchait du lieu du supplice, plus
il sentait en lui la révolte de la nature aux ap-
proches de la destruction. En jetant une dernière
fois les yeux sur la foule, il rencontra le regard
de Germain, Germain pâle, défait, chancelant,
qui lui fit en pleurant un signe d'adieu. Ce
visage ami au milieu de tant de curieux indiffé-
rents rendit à Pierre tout son courage : « Germain ici ! dit-il, ah ! puisqu'il est venu, il ne
croit pas à cette horrible histoire ; il sait que je
ne suis pas un voleur. »

Une voix retentissante arrêta le cortège. Le
condamné fut placé à une vingtaine de pas du
rivage, le dos tourné au fleuve. Le peloton de
douze hommes se mit en face de lui, et l'officier
ordonna la lecture du jugement, pendant que les
deux soldats, qui n'avaient pas quitté Pierre,

pliaient le mouchoir destiné à lui bander les yeux. Tout à coup il lui sembla que la corde qui liait ses mains les serrait avec moins de force ; il essaya de les dégager et se trouva libre. Sa résolution habituelle ne lui fit pas défaut. Une pensée le frappa, rapide comme l'éclair : le fleuve est à vingt pas. Pendant que le peuple et les soldats écoutaient la lecture du jugement avec le recueillement solennel qui précède une catastrophe attendue, Pierre, tournant brusquement sur ses talons, se précipita vers le fleuve. Les deux soldats qui l'avaient accompagné s'élancèrent à sa poursuite ; le peloton abaissa ses armes comme pour faire feu, mais s'arrêta dans la crainte de sacrifier deux innocents.

Pierre cependant, serré de près, se jeta à l'eau en désespéré et gagna le large de toute la vigueur de ses bras, tantôt plongeant, tantôt nageant. Dès qu'on n'eut plus de craintes pour ceux qui le poursuivaient, il fut assailli d'une grêle de balles ; aucune ne l'atteignit, grâce à ses fréquentes immersions.

Cette action hardie causa une confusion inex-
primable. On avait brûlé inutilement beaucoup
de poudre et perdu beaucoup de temps, que
l'infatigable nageur mit à profit pour s'éloigner
de cette ville maudite. Après avoir en vain cherché une barque qui permît de poursuivre le fugitif, l'officier se décida à retourner à Buenos-
Ayres, d'où l'on expédierait soit des canots, soit
un bateau à vapeur. Il fallait une heure pour se
rendre à la ville, et le peuple, que cette étonnante scène avait enthousiasmé, faisait des vœux
pour que Pierre en profitât. Quant à Germain,
il était fou de joie. Mais lorsqu'il apprit, le soir,
que les chaloupes qui avaient exploré le fleuve
dans tous les sens, que les cavaliers qui avaient
battu le terrain à plusieurs lieues de distance
n'avaient rien vu, à sa joie immodérée succéda
une profonde tristesse : « Il se sera noyé, » dit-il
en versant des larmes.

Cependant Pierre n'entendant plus siffler les
balles et ne se voyant pas poursuivi, ménagea
ses forces. Un calme plat lui permettait de nager

sans trop de fatigue. Il se débarrassa de sa chemise et de son pantalon, qu'il noua autour de son cou, et il se mit à réfléchir sur son itinéraire. Traverser d'une rive à l'autre était une folie impraticable; il ne lui restait qu'à descendre le cours du fleuve, en longeant cette même rive qu'il venait de fuir, aborder quand il sentirait ses forces s'épuiser, pour recommencer encore jusqu'à la nuit.

A peine ce plan était-il arrêté dans son esprit qu'il vit devant lui, mais à une distance désespérante, un navire sous voiles cherchant à gagner la haute mer, et que le calme contrariait dans sa marche. Pierre adressa à Dieu une ardente prière, rassembla toutes ses forces et nagea vers cette voile de salut. Le trajet fut long, pénible; il n'en pouvait plus lorsqu'il se trouva à portée de la voix. Il essaya de crier, la parole expira dans sa bouche. Un sombre découragement s'empara de lui, il renonça à des efforts inutiles, recommanda son âme à Dieu, et ne chercha plus qu'à se maintenir sur l'eau. Tout

6.

à coup un cri partit du navire : « Un homme à la mer ! » Aussitôt le canot est lancé, deux vigou-reux rameurs le poussent vers Pierre, qu'ils at-teignent et saisissent par les cheveux. Il était temps.

CHAPITRE DIXIÈME.

Le capitaine marseillais. Pierre débarque à New-York.

Dès qu'un peu de nourriture eut réparé ses forces, qu'un boujaron d'eau-de-vie eut rendu le mouvement à ses membres glacés et qu'il eut remplacé son costume de triton par un pantalon de matelot et une chemise de laine rouge, il comparut devant le capitaine, un homme grand et maigre, brun comme un Arabe, à l'air dur et presque farouche :

« Qui es-tu ? d'où viens-tu ? comment te trouves-tu à cette distance de la terre ? Parle, et pas de mensonges ! »

Telle fut la bordée qui accueillit Pierre, lancée avec un accent guttural et marseillais. Son embarras fut grand. Dirait-il qu'étant soldat dans

la garde du dictateur il s'était fait aimer de la
fille du second personnage de la république?
qu'elle lui avait donné ses diamants à porter
chez l'orfèvre, et que, surprise par le père, elle
avait sacrifié son amant à sa réputation? Cela
était vrai, mais incroyable. Son bon sens lui disait que le capitaine provençal, en se prome-
nant dans les chantiers de Toulon, avait pu
entendre plus d'une histoire aussi vraisembla-
ble. Pierre, sans déguiser la vérité, n'entra pas
dans des détails; il se contenta de dire qu'ayant
offensé son général, il avait été condamné à
être fusillé. Il raconta comment il avait par miracle échappé à la mort.

Le capitaine l'écoutait en silence, plongeant
dans ses yeux un regard scrutateur : « C'est
peut-être une canaille que je sauve, » dit-il.

Des larmes roulèrent dans les yeux de Pierre :
« Monsieur, lui dit-il, je suis un honnête homme.

— C'est bon, » reprit le capitaine d'une voix
moins rude.

La *Notre-Dame de la Garde* (c'était le nom

du navire) dérivait lentement au courant. Quoique le vent fût bon, il était si faible que les
voiles, un moment gonflées, s'affaissaient comme
un malade qui se soulève sur son lit et retombe
épuisé par cet effort.

« Monsieur, dit un matelot en s'approchant
du capitaine, la rivière se couvre d'embarcations, voilà un bateau à vapeur qui chauffe, je
crois qu'on cherche cet homme.

— Tant pis pour lui.

— Encore si nous avions un peu de vent.

— Eh bien! siffle, imbécile! »

On connaît la superstition des marins, qui
croient faire lever le vent en sifflant. Celui auquel la recommandation était faite l'exécuta avec
un sérieux imperturbable, mais sans trop de
succès. Le capitaine était visiblement inquiet; il
regardait tantôt les embarcations qui gagnaient
sur lui, tantôt le point de l'horizon d'où souf-
flait le vent, tantôt ses voiles pendantes et ri-
dées, et, de temps en temps, jetait un regard
furtif sur le nouveau venu. Enfin le vent sembla

obéir au persévérant appel qui lui était fait : les
voiles se gonflèrent, et le navire, s'inclinant
gracieusement, fendit la lame avec une énergie
qui rassura le pauvre Pierre. A l'entrée de la
nuit, tout danger avait disparu. La *Notre-Dame
de la Garde*, qui naviguait sur lest, perdit de
vue ses poursuivants. Le capitaine respira plus
librement, et un éclair de joie passa sur son
visage. Puis, voyant Pierre planté comme une
statue, les yeux fixés sur lui : « Que fais-tu là ?
dit-il en reprenant son ton bourru, rends-toi
utile, va-t'en ! »

La traversée se fit sans accident. Le navire
mouilla devant New-York, où le capitaine devait
prendre un chargement. Le soir même il fit
appeler Pierre, auquel il n'avait plus adressé la
parole. Son visage était aussi sévère que de coutume, son ton aussi bourru :

« Tenez, dit-il en montrant un paquet roulé
en forme de porte-manteau, il y a là des habits
et un peu de linge. Dans une ville comme New-
York, vous ne manquerez pas de travail. »

A ce trait inattendu, Pierre comprit enfin à quel homme il avait affaire ; c'était un bon cœur, qui se cuirassait contre sa faiblesse. Il saisit la main du capitaine et la couvrit de larmes : ce furent les dernières qu'il versa de sa vie.

« Allons, allons, dit le digne homme en détournant la tête, bon voyage, et dérapez ! »

Le canot du bord eut bientôt jeté Pierre sur le quai ; il se trouva dans une grande ville, bien vêtu, bien nippé, mais sans un sou dans sa poche. Il eut un moment l'idée de vendre une des pièces de sa petite garde-robe ; il y renonça bien vite. « Il faut, dit-il, que l'argent me vienne par le travail ; j'aurai toujours cette ressource. En attendant, cherchons un gîte gratis. » Il se mit à parcourir la ville, son paquet sous le bras, et s'arrêta dans un quartier reculé, devant une maison en construction : « Voilà mon palais ! » s'écria-t-il gaiement. Il se fit avec des planches un abri contre le froid de la nuit, et, son paquet sous la tête, il s'endormit du sommeil du juste et de la jeunesse.

Les premières clartés de l'aube et un froid
piquant le réveillèrent. Avant d'aller gagner son
déjeuner, il voulut faire l'inventaire du paquet.
Il y trouva trois chemises, trois mouchoirs et un
costume de marin propre et complet. En exa-
minant la veste, elle lui parut lourde, et il remarqua qu'une poche bâillait. Il y plongea la
main et en retira un rouleau de cinquante francs.
Dans sa reconnaissance, il aurait donné sa vie
pour ce brave homme, qui l'avait en apparence
si fort maltraité. Involontairement le souvenir
du capitaine bordelais lui revint à la mémoire :
« O mon Dieu ! s'écria-t-il, vous avez, dit-on,
fait l'homme à votre image ; mais quelle différence d'un homme à un homme ! »

CHAPITRE ONZIÈME.

Pierre va faire le commerce des pelleteries dans l'Ouest. Description du pays. L'auteur, épris des beautés de la nature sauvage, se livre au dithyrambe.

Libre de tout souci pour longtemps, car il comptait ménager sa petite fortune, Pierre loua une chambre pour un prix modique, et alla chercher du travail sur le port. Son étoile voulut qu'il fît la rencontre d'un négociant français, qui, sur sa bonne mine, l'employa au transport des marchandises. Pourquoi ne pas le dire? L'amant heureux de la belle Manuela devint portefaix, et, en dépit de son éducation et de l'élégance de ses formes, sa vigueur semblait le destiner à cette profession. Dans ses moments de loisir, il étudiait l'anglais, qu'il parvint à parler avec

7

assez de facilité; mais il n'aurait été d'aucune académie.

Un jour qu'après un repas frugal il réfléchissait aux moyens d'utiliser sa réserve d'argent, un Américain, nommé Dick, avec lequel il s'était particulièrement lié, vint à lui, et lui prenant la main :

« Pierre, dit-il, je vous fais mes adieux.

— Où allez-vous?

— Faire fortune.

— Chercher, comme tout le monde, dit Pierre en souriant.

— Faire, vous dis-je. Dans notre pays, chercher et trouver c'est tout un, quand on est hardi et vigoureux. Le capitaine Climber, qui a longtemps fait le trafic des pelleteries dans l'Ouest, vient d'organiser une compagnie de trappeurs; il nous conduira à travers les montagnes Rocheuses, qu'il a déjà explorées. »

Pierre aimait l'argent en homme qui veut jouir, non pas en avare; mais ce qu'il aimait par-dessus tout, après une belle femme, c'était la vie d'aventure, si toutefois aimer une belle femme n'est pas encore mener la vie d'aventure.

« Est-ce qu'un homme de plus vous gênerait ? demanda-t-il à Dick.

— Je ne suis qu'un travailleur associé, répondit celui-ci ; j'en parlerai aux autres et au capitaine, et je ferai mon possible pour que vous soyez de notre expédition, car il y aura du travail là-bas et des dangers dans le voyage. »

L'admission de Pierre ne souffrit aucune difficulté. Ses économies lui permirent de se munir d'un fusil, de poudre, de balles, d'une trousse d'empailleur, et de verser à la caisse commune l'argent nécessaire aux approvisionnements de la troupe. C'était du riz, du thé, du sucre et de l'eau-de-vie. Pour la viande, on comptait sur la chasse. Le rendez-vous était pour le 1er mai, au fort Osage, sur la frontière du Missouri. La troupe se composait de cent dix hommes et de vingt chariots traînés chacun par quatre chevaux ou mules. Le chargement consistait en eau-de-vie et en tabac pour les échanges, et en provisions. Le départ fut gai. Les vieux chasseurs formant le noyau de la troupe effrayaient les habitants des villages en poussant le cri de guerre des Indiens ; on faisait de bruyants adieux à la civilisation. Ils entrèrent dans de vastes prairies inondées par de récentes pluies, et après quinze jours d'une marche pénible atteignirent l'Arkansas, un des affluents du Missouri. Quoique cette belle rivière, large de neuf cents pieds au point où l'expédition l'atteignit, soit guéable à la fin de l'été et au commencement de l'automne, il fallut construire des radeaux pour le transport des chariots. Le passage effectué, on se trouva sur les terres des Kansas, qui, après avoir enlevé tant de chevelures, recueillent pastoralement le miel des abeilles sauvages, et font une guerre de horions aux maraudeurs européens qui cherchent à leur ravir les profits de ce commerce.

Vers la fin de mai, dans des plaines ondulées, privées d'arbres et d'arbrisseaux, s'élevant graduellement, et où une chaleur accablante, que

tempéraient le soir de faibles brises, les fit beaucoup souffrir, nos aventuriers craignirent un
moment d'en être réduits à leurs provisions. Le
gibier manquait absolument, et cependant ils
virent devant eux une colline basse couverte
d'un nombre incroyable de crânes de buffles,
rangés dans un ordre symétrique et représentant
des figures de géométrie. C'était peut-être un
trophée, ou peut-être les débris d'une héca-
tombe offerte au Grand Esprit.

Ils quittèrent ce lieu, où évidemment on faisait jadis bonne chère, et arrivèrent dans les
premiers jours de juin au principal cours du
Nébraska ou rivière Plate, semée d'îles et d'îlots
du plus charmant aspect. Ce fut après avoir
franchi la branche qui se dirige vers l'ouest-sud-
ouest et s'être enfoncés plus avant dans les montagnes, qu'ils virent le daim à queue noire, qui se
plaît au milieu des rochers. Le désir d'avoir un de
ces animaux conduisit Pierre et quelques-uns de
ses compagnons presque au sommet d'une montagne. Une fois là, la curiosité leur fit continuer

leur ascension, et ils furent bien dédommagés
de leurs peines. Une immense étendue de pays
s'ouvrit devant eux : aussi loin que la vue pouvait s'étendre, de noirs troupeaux de buffles
sillonnaient de vastes plaines qui disparaissaient
sous eux comme sous une innombrable fourmilière. Au milieu de ces flots de créatures s'élevait une masse tronconique, formée de couches
alternatives d'argile durcie et de pierre à sablon,
et surmontée d'une colonne semblable aux cheminées de nos usines à vapeur. Cette œuvre
titanique se dressait à cinq cent vingt-cinq pieds
de hauteur. Aucune langue ne pourrait rendre
la beauté d'un pareil spectacle. Pierre resta muet
d'admiration devant cette calme et souveraine
puissance de la nature. Sa littérature lui revint
à la mémoire : il se rappela Cacus et ses vaches ;
mais Cacus lui parut si humble et les vaches si
dégingandées, qu'il sourit de pitié. Il lui semblait que l'Italie tout entière serait entrée dans
sa poche.

En gravissant ces pentes élevées, les chasseurs

eurent à courir plus d'un danger. Des roches aiguës déchiraient les pieds des chevaux; la moindre imprudence pouvait lancer l'attelage au fond d'un précipice; de subites mais courtes bourrasques, roulant du sommet des montagnes ou sortant des flancs des vallées, les assaillaient avec furie. La crise passée, le ciel redevenait pur et serein. L'atmosphère, raréfiée, donnait lieu à de singuliers phénomènes : les ais des chariots craquaient violemment; si on n'eût assujetti par de forts liens les rais aux jantes, les roues se seraient disloquées. Les hommes étaient oppressés, et les bêtes, inquiètes, semblaient attendre avec anxiété un peu d'air respirable.

Après avoir traversé des plaines semées de rochers de forme hémisphérique, dômes gigantesques de trois à quatre cents pieds de hauteur; après avoir campé au milieu de ces châteaux forts, de ces tours, de ces remparts, formés d'argile durcie et de pierre à sablon, jeu sublime de la nature, qui fit croire un moment à des savants jugeant à distance que les montagnes Rocheuses cachaient au milieu d'elles les restes d'une antique civilisation, la troupe gravit enfin un dernier plateau le 30 juillet, et un cri de joie partit de toutes les bouches. Ils avaient atteint la crête des redoutables Cordillères, et voyaient devant eux le théâtre de leurs futurs exploits : au nord-ouest serpente une ligne grisâtre, que des yeux inexpérimentés prendraient pour des nuages, mais qui est la chaîne du Yellowstone, au pied de laquelle s'étend le sauvage pays des Crows. Les yeux errent au sud-ouest à travers une immense étendue de déserts où semble flotter à l'horizon une vapeur neigeuse ; c'est une autre branche des Cordillères, les montagnes Eutaws. Une tribu d'Indiens nomades portant le même nom plante ses tentes à leur base. Sur ce fond se détache, sombre et imposant, le principal réservoir des eaux de la partie occidentale de l'Amérique du Nord, le massif du Wind-River, avec son froid manteau de neiges éternelles, ses pics aigus, ses flancs crevassés de vallées étroites et profondes, féconde mamelle d'où jaillissent des sources, où surgissent des lacs dentelés de rochers, qui distille la neige fondue et répand autour d'elle ces fleuves et ces rivières qui, après avoir sous tous les climats, souverains ou tributaires, baigné et fertilisé de vastes contrées, courant par des pentes opposées, se plongent dans trois mers.

O terre ! si malgré la Tamise et malgré la Seine, malgré Paris, malgré le vieux Louvre et le nouveau ; si malgré Londres et malgré Rome, malgré Saint-Paul et même malgré Saint-Pierre, nous nous sentons petits et te trouvons mesquine, ce n'est pas toi, noble mère, qu'il faut en accuser. Dans le vivant silence des solitudes, au milieu des horizons sans bornes que la main de l'homme n'a pu souiller, avec quelle majesté tu roules dans l'espace ! Celui qui foule ton sein vierge a la conscience de ce qu'il vaut : affranchi des mille tyrans civilisateurs qui nous saisissent au berceau pour ne nous lâcher qu'à la tombe, il lui semble qu'il touche au ciel et qu'il n'ait plus à se courber que sous la main du Tout-Puissant.

CHAPITRE DOUZIÈME.

Comment Pierre en cherchant une mule trouva une femme,
et ce qui s'ensuivit.

On s'arrêta à l'ouest de ces montagnes, dans
la vallée du Green-River ou Colorado, avec l'intention d'y séjourner tant que la chasse serait
productive. Le camp fut formé comme à l'ordinaire, les vingt chariots placés en carré à trente
pieds de distance l'un de l'autre, et reliés entre
eux par des palissades sur lesquelles s'ouvraient
des barrières mobiles permettant l'entrée et la
sortie. Pendant le jour, les bêtes entravées pais-
saient sous la garde d'un homme, et la nuit
elles étaient attachées à des piquets dans l'inté-
rieur du camp. Les intervalles entre les chariots, le long des palissades, étaient garnis par

la troupe divisée en sections, et des postes avancés, qui eux-mêmes fournissaient des sentinelles, veillaient à la sûreté commune. Tel était l'ordre habituel du campement, surtout la nuit. Pendant la chasse, une garde suffisante était laissée à la défense du camp.

Les préparatifs d'installation venaient à peine d'être terminés, qu'une sentinelle aussi novice que Pierre donna l'alarme. Chacun courut à son poste ; mais on fut bientôt rassuré. C'étaient deux trappeurs libres, qui, ayant appris l'arrivée de leurs compatriotes, accouraient au grand galop de leurs chevaux. Le trappeur libre diffère du trappeur ordinaire en ce qu'il ne dépend que de lui-même. Il chasse, trafique et combat pour son propre compte. On sent tout ce qu'il faut d'énergie, de courage, de vigueur, de sang-froid, pour mener une pareille existence. Ces hommes intrépides, dont on peut dire sans exagération qu'ils ne connaissent pas la peur, dorment la main sur leur fusil. Assez ordinairement une femme indienne est la compagne de leur solitude. Les deux visiteurs donnèrent au capitaine de précieux renseignements sur le pays. Selon eux, les hivers étaient rigoureux dans la vallée du Green-River, la neige y couvrait la terre de l'épaisseur de plusieurs pieds; au contraire, la partie supérieure de la rivière des Saumons offrait toutes les commodités pour la chasse et la pêche, et abondait en castors. Ils lui apprirent aussi que les Indiens Pieds-Noirs, voleurs de premier ordre, les plus dangereux ennemis des Européens, erraient dans les environs, et l'engagèrent à se tenir sur ses gardes. Le capitaine reconnut leurs bons offices par une large hospitalité, et ils prirent congé de la troupe, qui voulut profiter de la belle saison pour se diriger vers le point indiqué par eux.

Il était impossible de conduire les chariots à travers les rochers et les précipices qu'on avait à franchir. Le gros de la troupe prit les devants, les bêtes chargées de ce qu'elles purent porter, et le chef accompagné de trois hommes de confiance, après avoir caché le matériel dans une gorge ou plutôt dans une caverne dont l'entrée fut habilement masquée, se mit en marche à son tour. Les chasseurs devaient longer le massif du Wind-River en s'élevant graduellement pour sortir de la vallée. Une fois sur la hauteur, ils avaient l'ordre d'attendre le petit détachement resté en arrière, qui prit un chemin plus court à travers les montagnes. Quand les deux troupes se trouvèrent réunies, on marcha au nord-est sur des crêtes raboteuses et élevées, à travers des défilés, à la grande fatigue des hommes et des chevaux, et on descendit dans la vallée qui porte le nom de *Trou* ou *Fosse de pierre*.

A l'ouest et au midi de ce bassin courent des collines basses aux gracieuses dentelures, tandis qu'à l'est trois pitons détachés se dressent comme les gardiens de ces solitudes.

« Comment s'appellent ces pitons ? demanda Pierre.

— Les *Trois Tetons*, » répondit un camarade qui en était à son second voyage.

Il semble que l'amour du lucre, qui a poussé les aventuriers européens vers les riches contrées du nouveau monde, ait éteint en eux tout sentiment poétique. On dirait que pour ne pas céder au prestige de cette belle et sauvage nature, ils ont voulu la déshonorer par des noms ridicules. Nos Antilles en sont un exemple. Nous rions des ducs de Marmelade et de Limonade créés par le nouveau César d'Haïti, et nous devrions en rougir pour nos pères, qui ont ainsi nommé deux quartiers de Saint-Domingue.

Les hommes étaient fatigués et les chevaux épuisés par une marche de deux mois ; le capitaine décida qu'on prendrait quelques jours de repos au milieu de ces riches pâturages, où le gros gibier abondait. Le camp fut formé, mais cette fois avec des palissades seulement. Ce long et pénible voyage avait été effectué sans que l'expédition eût perdu un homme ni un cheval. Tant de bonheur ne pouvait durer. Une mule se débarrassant de ses entraves disparut. On la chercha jusqu'au soir sans la retrouver. La nuit venue toute recherche cessa, et on ne compta plus pour ravoir la mule que sur le hasard.

Pierre, ce soir-là même, était désigné pour faire partie d'un des postes avancés qui, pendant la nuit, entouraient l'enceinte. C'était au commencement d'août : la lueur des étoiles éclairait seule un ciel splendide, le plus profond silence régnait autour du camp, on n'entendait que le murmure de la nature qui, pendant les nuits tranquilles de l'été, s'élève comme une douce plainte. Éternel concert, hélas! de la créature montant vers le Créateur. Pierre ne pouvait pas dormir, une invincible mélancolie s'était emparée de lui. Sa vie passée se retraça à sa mémoire. Catherine et Manuela passaient devant lui tantôt avec le doux regard des heures d'amour, tantôt avec un sourire railleur.

« Quelle étrange destinée que la mienne! se disait-il. Je n'ai vraiment qu'une passion, celle des femmes ; la richesse n'a de prix à mes yeux que comme un moyen de les posséder plus facilement, et tous mes malheurs me viennent d'elles! Serait-il vrai que nous ne jouissons en paix que de ce dont nous pourrions aisément nous passer? Dès que nous tendons ardemment vers un but, s'il ne nous échappe, nous n'y trouvons qu'amertume et douleur. Ah! c'est une misérable condition!

— Camarade, dit la sentinelle en lui posant la main sur l'épaule, il me semble que je vois la mule que nous avons perdue. »

Elle paissait en effet à une quinzaine de pas en avant du poste.

« Ne donnez pas l'alarme, dit Pierre, c'est inutile; je me charge de la rattraper. »

Il détacha la corde d'un ballot de tabac, fit un nœud coulant et se mit à la poursuite de la mule, qui l'accueillit d'une triple ruade et partit au galop. Quelque leste que fût Pierre, il n'avait pas la prétention de lutter de vitesse avec un pareil adversaire; il continua donc à marcher au petit pas, et la mule elle-même, ne se voyant plus poursuivie, s'arrêta. Elle se laissait approcher, mais pas d'assez près pour qu'il pût la prendre au piége.

Il poursuivit longtemps la maudite bête, qui semblait se jouer de lui, sans s'apercevoir qu'il s'éloignait beaucoup du camp. La mule, arrivée près d'une saillie que Pierre prit pour une grosse motte de terre, s'arrêta court, sauta brusquement de côté, et ayant sans doute trouvé un obstacle sous ses pieds, s'abattit.

« Je te tiens enfin, » dit Pierre, qui s'élança vers elle et lui jeta son nœud coulant autour du cou avant qu'elle eût eu le temps de se relever.

En passant près de l'objet qui avait effrayé la bête, il le toucha du pied : une femme, se débarrassant de la cape de cuir qui l'enveloppait, se dressa devant lui tout effrayée. Elle était jeune et nullement désagréable. Pierre la rassura de son mieux en employant le langage des mains, le plus expressif de tous. Elle fut vite apprivoisée, et montra du doigt un massif de bois. Ce scrupule à pareille heure et dans un pareil lieu était assez étrange; Pierre céda cependant. Le terrain était uni comme la main, et il craignait, dans un moment de distraction, de lâcher la corde et de perdre encore la mule. A l'entrée du bois, la jeune fille insista pour s'y engager plus avant; mais Pierre, croyant avoir assez fait pour la pudeur indienne, attacha sa bête au tronc d'un jeune arbre, curieux d'apprécier la différence (si différence il y a) d'une femme sauvage à une femme civilisée.

Quelle ne fut pas sa surprise, en se retournant, de se trouver au milieu de quatre Indiens qu'il n'avait ni vus ni entendus! Il fut saisi, désarmé et garrotté en un clin d'œil. Un des sauvages s'apprêtait à le tuer, pour enlever sa chevelure, mais le plus âgé des quatre l'arrêta. Il fit remarquer que depuis longtemps on n'avait pas vu de prisonnier dans le village ni dansé la danse du scalp; que les anciens usages se perdaient; que son père, à lui qui parlait, disait que les hommes d'aujourd'hui avaient moins de courage que les femmes de leurs ancêtres. Il ajouta que le Grand Esprit était irrité ; aussi qu'arrivait-il ? La chasse était improductive, le buffle devenait rare, et leurs femmes avaient du goût pour les hommes blancs. Comment les hommes rouges, qui couvraient jadis la surface de la terre, se trouvaient-ils réduits à une condition aussi misérable ? C'est que, corrompus par le contact des blancs, ils avaient peu à peu renoncé aux coutumes de leurs pères, négligé leurs plus saintes cérémonies. S'il ne fit pas l'apologie directe de l'anthropophagie, il donna à entendre que l'abolition de cette antique coutume, si honorable pour celui qui faisait les frais de la cérémonie (puisqu'un brave ne saurait avoir une plus noble sépulture que l'estomac d'un autre brave), n'avait pas peu contribué à l'avilissement de la race rouge. Il conclut en disant que la danse du scalp et la vue des tortures infligées aux prisonniers étaient éminemment propres à fortifier le courage des adolescents et des enfants.

Ce discours sensé et conservateur sauva pour le moment la vie à Pierre. Il fut hissé sur sa

mule, et les Indiens, montant sur leurs chevaux qu'ils avaient cachés dans le bois, s'éloi-
gnèrent emmenant avec eux leur prisonnier. Il
pouvait être deux heures du matin; Pierre chercha à s'orienter, et reconnut qu'on se dirigeait
vers le nord. Le voyage dura cinq jours entiers.
Les petits chevaux des Indiens, vigoureux et in-
fatigables, lassaient la pauvre mule, qui ne marchait plus qu'à force de coups. Vers midi enfin,
le sixième jour, dans un pays sauvage, Pierre
aperçut au fond d'une vallée la fumée de quelques huttes; c'était le village des Indiens. Jeté à
bas de la mule, il fut forcé de faire son entrée à
pied poursuivi par les femmes et les enfants,
assailli à coups de pierres et mordu par des chiens
indiens, que leurs oreilles courtes et droites,
leur queue longue et touffue, font ressembler à
des loups. On le jeta avec ses liens dans un
wigwam situé au milieu du village, on mit des
gardes à la porte, et on ne s'occupa plus de lui.

CHAPITRE TREIZIÈME.

Les Gros-Ventres des prairies. La vieille squaw.

Pierre ne pouvait pas tomber en de plus mauvaises mains. Les Indiens connus sous le nom de Pieds-Noirs se divisent en plusieurs tribus qui habitent vers le haut Missouri et au sud du Yellowstone. Ce sont les Surcies, les Peagans, les Indiens du Sang et les Gros-Ventres des prairies. Pierre était au pouvoir de ces derniers. Ces sauvages, les plus redoutables bandits des montagnes, toujours en guerre avec les peuplades voisines, sont les ennemis mortels des Européens, avec lesquels ils trafiquent pourtant quand ils ne peuvent les attaquer; mais leur perfidie est telle, qu'on ne les admet qu'avec les plus grandes précautions dans les camps, où leurs habitudes de vol exigent d'ailleurs une continuelle surveillance. Le manque absolu d'eau-de-vie, liqueur dont ils sont avides, les décide à surmonter leur répugnance et à entrer en relations avec leurs ennemis. Ils livrent alors, pour satisfaire leur passion favorite, leurs femmes, leurs filles, parfois leurs chevaux, et jusqu'à leurs armes.

Pierre fut considéré comme prisonnier de guerre, et destiné à mourir en cérémonie. On n'attendait que l'arrivée du chef de la tribu, occupé alors à une expédition. Soir et matin une vieille squaw déposait près du prisonnier un vase plein d'eau, lui jetait un morceau de viande ou de poisson fumé, et sortait sans lever les yeux. C'était bien la plus horrible créature qu'on pût voir : son corps maigre, presque nu, exposé à toutes les intempéries des saisons, semblait recouvert d'un épais parchemin ; ses cheveux gris, hérissés, farouches, tombaient en désordre sur son front et sur ses épaules, laissant voir à travers leur inextricable réseau des paupières d'ardente

braise; deux longues dents sortaient de sa bouche
entr'ouverte, revêtues d'un enduit de cinquante
années, et sa démarche un peu chancelante
accusait trop d'intimité avec une petite gourde
de fer-blanc qui ne la quittait pas, générosité
d'un trappeur dont elle avait jadis égayé la solitude. Ce fut le seul être humain que vit Pierre
pendant une captivité de quinze jours. Cette
captivité lui aurait paru bien longue sans une
circonstance futile en apparence, et qui pourtant
décida de son sort. Un soir que la vieille sortait
de la hutte après lui avoir apporté son repas,
un oiseau, entrant par la porte comme un trait,
vint s'abattre dans un coin. Il était de la gros-
seur d'un pigeon, et d'une espèce que Pierre ne
connaissait pas. Il ne portait aucune trace de
blessure, et cependant il ne tarda pas à mourir,
empoisonné sans doute par des graines qu'il
avait mangées. La trousse de Pierre, attachée à
sa ceinture, avait échappé aux recherches des
Indiens; il se mit en devoir d'empailler l'oiseau,
qui devint le seul ornement de sa demeure.

Malgré la distraction que lui procurait ce travail, il était assailli de sombres réflexions; cependant la perspective d'une mort lente et cruelle, loin d'abattre son énergie, l'exaltait. Il se préparait au supplice avec une sorte de rage. Une seule crainte l'obsédait, crainte chimérique, puisqu'elle ne pouvait se réaliser qu'après sa mort. Quoique le contact des Européens ait fait disparaître l'anthropophagie des mœurs des Indiens, il croyait que ces êtres dégradés, qui n'ont pris à la civilisation que ses vices, se permettaient encore comme une débauche un crime qui n'est plus dans leurs habitudes. Tout en faisant bon marché de sa vie, il avait pour son corps un certain respect, et l'idée d'être farci, cuit à point et mangé, lui parut insupportable. Qui pourrait expliquer ces mystérieuses faiblesses? Murat, le plus brave des hommes peut-être, devant une mort imminente et inévitable, s'écrie : « Épargnez le visage ! »

Un jour il se fit un grand tumulte dans le village. Pierre entendit le bruit des fusils dont

la crosse frappait la terre, les flèches résonnant
dans les carquois (quelques Indiens se servent
encore de l'arc), tout le mouvement enfin d'une
troupe qui se met sous les armes. Il crut à une
attaque de tribus ennemies ou à la cérémonie
dont il devait être le principal acteur. Sa position était si misérable qu'il ne souhaita pas que
sa vie fût prolongée d'un jour. Lorsque tout
fut rentré dans l'ordre, la porte de la hutte
s'ouvrit, et donna passage à un Indien, qu'au respect que lui témoignait sa suite Pierre prit pour
le chef. C'était lui en effet. Le chef-d'œuvre de
Pierre parut attirer son attention; il examina
longtemps tantôt le prisonnier, tantôt l'oiseau
avec un visage impassible, et sortit sans dire
un seul mot.

La vieille, en apportant la ration du soir,
pour la première fois depuis qu'elle entrait dans
la hutte, leva les yeux sur Pierre, qui crut y
voir un peu de bienveillance. Elle se retira pourtant sans rien dire; mais, arrivée à la porte, elle
se retourna, et, cette fois il n'y avait pas à s'y

méprendre, elle lui fit un signe d'intelligence.
Jamais, dans un conte de fées, métamorphose
ne fut plus prompte et plus complète. De vieille
et de dégoûtante qu'elle était, Pierre la vit jeune
et belle; s'il n'espéra pas, il fut consolé. Que
pèseraient dans l'éternelle balance nos plus brillantes qualités, sans un grain de miséricorde?
La beauté, la force, le génie, tout cela c'est
l'homme, et n'a rien qui m'émeuve; mais qu'un
éclair de compassion illumine le plus hideux
visage, je reconnais la main du Dieu puissant
et bon.

CHAPITRE QUATORZIÈME.

Où l'on verra à quoi sert le talent.... chez les sauvages.

Pierre attendit avec anxiété le retour de la vieille. Comment cette faible créature pouvait-elle contribuer à sa délivrance ? Réussît-il d'ailleurs à tromper la vigilance de ses gardes, il ne faisait que retarder sa mort. Seul, sans guide, sans armes au milieu de ces déserts, s'il n'était repris, il ne pouvait manquer de périr par la faim ou par la dent des bêtes féroces. Il se raccrocha pourtant à l'espérance, ce fil d'araignée qui supporte le poids de notre vie, quand la squaw parut chargée d'un déjeuner digne d'être offert à un grand chef. C'était, dans un plat d'écorce d'arbre, de la viande fraîche entourée de racines douces et amères, et une calebasse d'eau-de-vie.

Pierre, qui voulait entamer la conversation, chercha les gestes les plus expressifs. La vieille sourit et le tira bientôt d'embarras, car elle prit la parole en anglais, sinon correct du moins très-intelligible.

« Mon fils, dit-elle, votre captivité a été bien dure, et vous avez dû me croire insensible à votre malheur; pourtant (elle regarda avec tendresse le cadeau du trappeur) j'ai toujours aimé les hommes blancs. Mais les ennemis entre les mains desquels vous êtes tombé sont impitoyables; ils m'auraient tuée au moindre signe de compassion. Les blancs que j'ai vu conduire dans ce village n'en sont plus sortis. Vous, mon fils, remerciez le Grand Esprit, qui vous ouvre une voie de salut.

— Si, par votre aide, dit Pierre, je peux recouvrer ma liberté, nous fuirons ensemble, vous ne me quitterez plus, vous serez ma mère. »

La vieille secoua tristement la tête.

« Hélas! dit-elle, ce serait me perdre sans vous sauver. Votre vie et votre liberté dépendent d'un plus puissant que moi.

— Qui donc? demanda Pierre.

— Le chef!!! répondit la vieille avec emphase.

— Que faut-il faire?

— Le voici : le chef a remarqué cet oiseau que vous avez fait revivre ; il demande si vous en feriez autant d'un homme. »

Pierre hésita, puis répondit avec audace : « Oui, pourvu qu'il ne soit pas trop gâté.

— Eh bien, reprit la vieille, le chef vous accorde la vie et vous mettra au nombre de ses guerriers, si vous jurez qu'après sa mort vous le mettrez dans l'état de l'oiseau que voilà. »

Il y allait de plus que de la vie, de tous ses membres l'un après l'autre, Pierre garda son sérieux. Admis près du chef, il jura par le Grand Esprit de le faire revivre, en formant au fond du cœur les vœux les plus sincères qui jamais aient été faits pour le salut d'un homme.

9.

CHAPITRE QUINZIÈME.

Pierre devient Gros-Ventre. Attaque d'un village
des Crows.

Pierre, après avoir, selon l'usage des Indiens,
fumé le calumet de paix, reçut des mains du
chef un cheval, des armes, et prit part aux
chasses de ses compagnons. Il remarqua cependant qu'on ne le perdait pas de vue; il s'attacha
donc à inspirer la confiance en paraissant accepter avec joie son nouveau genre de vie. Sa
bonne humeur, son adresse à tous les exercices
du corps, et surtout la faveur du chef, lui firent
bientôt de nombreux amis. Peu à peu la méfiance
diminua, on se relâcha de la surveillance, et il
fut considéré comme un membre de la tribu.
La vie sauvage a un charme si puissant, que

Pierre eût peut-être renoncé aux hommes de sa race; mais il apprit qu'une expédition avait été tentée contre un camp européen, et qu'on lui en avait fait un secret. Ne se croyant pas libre, il aspira à le devenir. Il dissimula avec soin son mécontentement, et résolut d'attendre une occasion favorable; car il avait pour principe que chercher à changer de position quand la position est supportable, c'est presque toujours perdre son temps, et qu'un homme sage doit s'efforcer de tirer parti de celle où il se trouve, s'en remettant pour le reste à la fortune. Cette résignation veut être accompagnée d'une grande vertu, la patience. Pierre, le moins patient des hommes lorsqu'il courait les foires de Bayonne, en était venu là.

Une occasion ne tarda pas à se présenter, qui acheva de faire oublier son origine européenne, lui donna un rang dans la tribu, et lui valut une grande considération.

Des Gros-Ventres, dans une chasse lointaine, s'étaient pris de querelle avec des Crows; il y eut des coups donnés et reçus, les Pieds-Noirs perdirent un des leurs. Aussitôt la guerre fut décidée, et cette fois on appela jusqu'au dernier homme. On résolut d'aller chercher l'ennemi, qui, se sentant le plus faible, n'osait se hasarder en rase campagne, car les Pieds-Noirs sont des cavaliers d'élite. Le village des Crows se trouvait au fond d'une gorge étroite de la chaîne du Yellowstone. A droite, à gauche et en arrière, des pentes abruptes, des rochers à pic ne laissaient aucune chance à l'attaque; elle ne pouvait avoir lieu que par l'entrée de la vallée. Les Crows construisirent en avant de leur village un véritable camp retranché: ils plantèrent en terre des pieux reliés entre eux par des branches flexibles formant une claie. En arrière et près de cette première palissade, une seconde fut élevée de la même manière, solidement attachée à l'autre; ils remplirent de terre l'espace vide, et couvrirent de peaux de buffles la crête du parapet. Le tout présentait l'aspect d'une redoute ayant sa gorge du côté du village.

Les Gros-Ventres calculèrent leur marche de manière à arriver une heure avant le jour, car ils préfèrent les surprises aux attaques de vive force ; mais ils avaient été découverts par des éclaireurs, ils furent reçus comme des gens qu'on attend. Le combat, qui durait depuis long-temps, n'était pas à leur avantage. L'ennemi paraissait résolu, abrité derrière des fortifica-tions très-capables d'arrêter une bande de sau-vages. Quand ils cherchaient à aborder ces para-pets, une grêle de balles et de flèches les rame-nait bien vite à distance. Leur retraite se serait peut-être effectuée avec honte, si une circon-stance imprévue n'eût changé la face des affaires.

Un des Crows, voyant l'indécision de l'ennemi, monte droit sur le parapet, son fusil à la main, et, à la manière des héros d'Homère, apostrophe les Gros-Ventres :

«Les Pieds-Noirs sont venus comme des loups, » ils s'en retournent comme des chiens.

» Que cherchaient-ils dans le pays des Crows ?

» Ils venaient attaquer des hommes, eux qui

» ont des cœurs de femmes. Qu'ils aillent boire
» les eaux bourbeuses du Missouri.

» Les Pieds-Noirs sont venus comme des loups,
» ils s'en retournent comme des chiens. »

Pierre, qui avait toujours combattu au premier rang, ne put supporter tant d'insolence ; gardant pour toute arme son couteau, il courut de toutes ses forces vers le provocateur, s'élança sur le parapet, saisit l'Indien par les jambes et roula avec lui hors de la redoute. Après une lutte de quelques secondes, Pierre lui coupa la gorge et le scalpa comme s'il n'eût fait d'autre métier de sa vie. Les Pieds-Noirs électrisés assaillirent le camp avec tant de furie, qu'ils franchirent le parapet et se trouvèrent dans l'enceinte. Là la supériorité du nombre leur donnait un avantage trop marqué. Les plus braves de leurs adversaires étant morts, le reste se débanda poursuivi de tous côtés.

Les Pieds-Noirs se répandirent dans l'intervalle qui séparait le camp du village, et dans le village même, où s'étaient blottis comme un troupeau de moutons ceux que l'âge, la faiblesse ou la peur avaient empêchés de fuir. Alors commença une scène épouvantable : on scalpait des hommes qui respiraient encore, on saisissait les enfants par les pieds et on leur brisait le crâne contre les parois des huttes ; les cris sauvages des vainqueurs, les hurlements des femmes violées et éventrées accompagnaient dignement ces horreurs. Quand rien ne bougea plus, on parqua dans un wigwam quelques jeunes filles des plus jolies, la proie du vainqueur, et un guerrier qui, malgré son courage, était tombé vivant entre les mains de ses ennemis. Les chevaux furent chargés de tout ce qui valait la peine d'être pris, et on défonça les barils d'eau-de-vie. L'orgie achevée, les Gros-Ventrés mirent le feu au village, et regagnèrent leur pays, emportant avec eux leur butin. Grâce à l'action hardie de Pierre, sa tribu remporta la victoire ; mais elle faillit perdre son chef. Une flèche lui creva l'œil.

CHAPITRE SEIZIÈME.

La danse du scalp.

Le grand partisan des vieilles coutumes, l'orateur disert qui avait, sans le vouloir, arraché Pierre à la mort, insista dans un éloquent discours pour que les prisonniers subissent leur sort sans retard. Le jour fixé, le Crow fut attaché à un arbre, et les guerriers, en grand costume, armés de toutes pièces, le visage peint, la mine effroyable, formèrent le cercle autour de lui. Leurs pieds étaient chaussés de riches mocassins; ils portaient des caleçons attachés par des cordons à une ceinture de cuir qui leur serrait la taille, et une chemise en peau de daim dont les manches larges et flottantes, fendues du poignet au coude, tombaient jusqu'aux genoux.

Ces vêtements avaient à toutes les coutures des franges de cuir. Les femmes, qui se tenaient en arrière avec les enfants, étaient couvertes de robes faites aussi de peau de daim, descendant du cou jusqu'aux pieds et ornées de franges, de graines d'Amérique et de plumes de faucon. Par-dessus ces vêtements les deux sexes portaient un manteau en cuir de buffle. Toutes les parties du costume étaient soigneusement frottées avec de l'argile blanche. Le chef présidait à la cérémonie, coiffé de plumes d'aigle, et le manteau orné de peau d'hermine.

On commença. Un vieux canon de fusil, chauffé à blanc, imprima des stigmates sur les jambes, les cuisses, le ventre, le cou et les joues du prisonnier. On enleva la chair autour des ongles qui furent arrachés; les doigts furent séparés des mains, et les mains des bras, articulation par articulation. Cet horrible supplice ne put abattre l'énergie du patient; loin de demander grâce, il provoquait ses bourreaux : « Mon cœur est fort, disait-il, vous ne triompherez pas de ma constance. Vous n'entendez rien à votre métier. Nous sommes plus habiles que vous; lorsque vos frères tombent entre nos mains, ils crient comme des enfants. Vous êtes des lâches! » S'adressant à un des guerriers : « J'ai tué ton frère, dit-il, j'ai scalpé ton vieux fou de père. »

Celui auquel il s'adressait lui coupa le nez d'un coup de couteau. Il n'en poursuivit pas moins, et apostrophant le chef : « C'est moi qui t'ai crevé l'œil. »

Le chef appliqua immédiatement la loi du talion.

« C'est moi qui, il y a deux ans, fis ta femme prisonnière. Nous l'avons traitée comme une chienne; cinquante de nos jeunes gens.... »

Le chef abaissa sa carabine et fit feu, laissant ainsi un voile sur ses infortunes conjugales.

La victime scalpée, on commença la danse autour de sa chevelure, les danseurs sur une ligne, tenant à la main des ailes d'oiseaux avec lesquelles ils frappaient sur leurs fusils et sur leurs flèches pour marquer la mesure. Ils dansèrent en s'accompagnant de la voix pendant trois quarts d'heure. Leur chant bas, lent, monotone, s'éleva graduellement, et ils le terminèrent par un cri aigu. Un guerrier entra alors dans le cercle pour raconter ses prouesses. A mesure qu'il avançait dans son récit, il s'enivrait de son propre éloge, apostrophant son ennemi mort comme si celui-ci eût pu l'entendre, poussant en avant, gonflant, frappant sa poitrine, brandissant ses armes, vociférant ses exploits, rappelant aux Crows combien de leurs villages il avait noyés dans le sang, comptant les blessures qu'il avait faites, les guerriers qu'il avait abattus, les chevelures qu'il avait enlevées. Après avoir dit tout ce qui peut piquer le courage d'un homme, le valeureux guerrier, ne recevant pas de réponse, débita son vocabulaire d'injures, et accusa formellement les Crows d'être des poltrons qui refusaient le combat.

Ces ridicules fanfaronnades sont d'usage parmi les Indiens, et paraissent toutes simples. Leur impassibilité si vantée disparaît dès qu'ils ont à faire leur propre éloge; ils ne la retrouvent que pour tromper leur ennemi ou cacher leurs desseins, mais alors rien n'égale leur puissance sur eux-mêmes et leur parfaite aisance; ils serviraient de modèles au diplomate le plus consommé.

Après la danse, la chevelure du malheureux prisonnier fut abandonnée aux outrages des femmes et des enfants, et enfin suspendue comme un trophée à la hutte de son vainqueur. Quant aux jeunes filles, elles furent livrées aux matrones de la tribu, qui, pour les préliminaires, se firent aider par des jeunes gens de bonne volonté. Les squaws étaient vieilles et laides, les prisonnières jeunes et belles, que le lecteur imagine, s'il le peut, ce qu'inventèrent les unes et ce que souffrirent les autres.

CHAPITRE DIX-SEPTIÈME.

Comment mourut le chef, comment Pierre ne l'empailla
pas, et comment il prit femme.

Pierre avait eu les honneurs de la journée
devant le village des Crows. Son butin lui per-
mit de se construire un wigwam, et la tribu lui
accorda à l'unanimité le droit d'assister aux dé-
libérations. Dans les circonstances graves, il prenait la parole à la troisième personne : Pierre
ouvre cet avis. Comme ses avis étaient bons, on
les suivait presque toujours. Le chef cependant
ne guérissait pas de sa blessure ; il languit encore un mois, et mourut. Le jour même de sa
mort, le nouveau chef fit appeler Pierre, qui se
rendit dans le wigwam tremblant de l'impru-
dente promesse qu'il avait faite. L'attitude du
roitelet était froide et sévère :

10.

« Le Visage pâle, dit-il, a promis de faire revivre le chef mort.

— C'est vrai, balbutia Pierre.

— Et le chef vivant le défend au Visage pâle, ou sinon il le scalpera. »

Grands de la terre, si vous n'étiez toujours en suspicion les uns des autres, que deviendrait le pauvre peuple?

C'était la plus agréable des menaces. Pierre jura par le Grand Esprit que jamais le chef mort ne revivrait de sa main. Sur la demande du nouveau chef, il promit de ne rendre ce service qu'à lui. Pierre s'était parjuré une fois, et avait fait deux serments qu'il savait ne pouvoir ni ne vouloir tenir; il en fut effrayé, tant il était peu civilisé. Sa position d'ailleurs l'inquiétait : « Me voilà donc, se disait-il, l'empailleur ordinaire de cette race de coquins! J'ai échappé au danger sans doute; mais s'il prend la fantaisie à ce drôle de faire empailler sa femme ou son fils, que vais-je devenir? » Cette appréhension le fortifia dans l'idée de fuir dès que la fortune

lui en offrirait la chance. En attendant, rede-
venu le favori, il continua à être de toutes les
expéditions. Lorsqu'il scalpait un Crow, un Flat-
head ou un Banneck, il avait soin de tâter les
poches ; s'il y trouvait quelque doublon d'Espagne adroitement escamoté aux caravanes euro-
péennes dans d'amicales visites, il en garnissait
sa ceinture.

Dès qu'il eut acquis de la réputation, il attira
les regards du beau sexe. Le trappeur, aux yeux
des Indiennes, réunit à l'héroïsme des hommes
de leur propre race, dont il imite les allures,
le costume et la braverie, tout ce qu'il y a de
glorieux et de galant dans les hommes blancs.
L'indulgence avec laquelle il traite ces femmes,
le soin qu'il met à les parer, le train qu'elles
mènent à sa suite, le pouvoir qu'elles exercent
sur son cœur et sur sa bourse, leur fait trouver
plus dur l'esclavage auquel elles sont soumises
près d'un mari indien, hautain et dédaigneux,
dont elles charrient le bagage, subissent la mauvaise humeur et supportent les brutalités. Ces

femmes sont d'autant plus sensibles aux bons procédés des hommes blancs, que la supériorité de la race européenne ne leur échappe pas. Aussi ne se considèrent-elles que comme les compagnes temporaires des trappeurs. Les besoins de la chasse ou les engagements avec une compagnie amènent-ils une séparation, elles s'y résignent sans murmurer. Le trappeur revient-il après une longue absence, elles reprennent avec joie la chaîne rompue. Tel est le secret respect inspiré même aux hommes par la supériorité de la race blanche, qu'après avoir dansé la danse du scalp autour de la chevelure d'un Européen, les Indiens ne la livrent pas aux outrages des femmes et des enfants, comme cela a lieu pour les chevelures des hommes rouges, ils lui substituent la touffe de crins qui surmonte la tête du buffle.

Pierre vit un jour une jeune fille entrer dans son wigwam ; elle décrocha une pipe, s'accroupit près du feu, et se mit à fumer avec un visage impassible. Il la contempla longtemps sans

qu'elle parût éprouver le moindre embarras.
Il se hasarda enfin à lui demander l'objet de
sa visite. Elle répondit avec un grand sang-
froid :

« J'aime le Visage pâle, et je veux demeurer
avec lui. »

Pierre ne se fit pas prier pour donner son
consentement. Aussitôt la jeune fille prenant
possession de la hutte, procéda à l'inventaire et
à la mise en ordre du mobilier. A partir de ce
jour, la provision de bois fut toujours faite, la
viande cuite à point, la pipe nettoyée, les mocassins mouillés remplacés par des mocassins
secs ; quand Pierre rentrait après une expédition, elle l'attendait à la porte pour le débarrasser de son fusil, prendre soin du cheval, et
ranger en ordre les peaux des bêtes qu'il avait
tuées ou les prises faites sur l'ennemi. Elle puisa
dans la bourse conjugale avec une régularité et
une aisance qui eussent fait honneur à la femme
la plus civilisée : elle eut des bagues aux doigts,
des clochettes aux pieds ; elle se para d'étoffes

aux couleurs éclatantes, ou *voyantes*, comme disent les tailleurs ; elle posséda un miroir de poche, ce talisman auquel ne résiste pas une femme indienne, prit des airs penchés à la sauvage, et devint un objet d'envie, d'admiration et de haine pour les vieilles squaws, vêtues de cuir et réduites à la condition de bêtes de somme.

CHAPITRE DIX-HUITIÈME.

Comment Pierre, dans un combat, passa à l'ennemi.

La vie est quelquefois rude dans les montagnes Rocheuses. Pendant l'été, le gibier et les racines suffisent aux besoins de ces peuples nomades. Ce qui n'est pas mangé est séché ou fumé pour l'hiver; mais si la mauvaise saison se prolonge, ils se trouvent exposés à la famine. Ils vivent alors de la chair des rats musqués, de celle des loups qui rôdent autour des camps, des boutons de roses sauvages et même de bourgeons d'arbres, cherchant ainsi à tromper plutôt qu'à apaiser leur faim. Dès que l'abondance renaît, on oublie les angoisses passées et on abuse des dons de Dieu. La bosse, la langue, le filet du buffle, des os pleins d'une moelle succulente sont les seules parties de l'animal qu'un palais délicat daigne apprécier; le reste est abandonné aux chiens et aux loups. Parmi les racines qui croissent spontanément et en abondance dans les prairies, les unes, de saveur douce, remplacent le pain; les autres, amères ou piquantes, sont employées comme condiments. Le tabac, l'eau-de-vie, le jeu, les récits de guerre et de chasse, complètent les jouissances de la vie indienne. Quand les expéditions ont été heureuses, le butin considérable, on s'assied autour d'un grand feu; la pipe et la tasse d'eau-de-vie circulent, et les jeunes gens écoutent ou subissent les interminables histoires des vieux braves de la tribu, car le *vieux brave* existe chez les sauvages; il ne diffère en rien de celui que nous avons tous connu et évité de notre mieux.

Quelque séduisante que fût cette vie, Pierre résolut de recouvrer sa liberté. Ses nouveaux frères, au milieu desquels il avait passé cinq années, lui faisaient horreur. C'étaient les plus exécrables coquins de la contrée, cruels, per-

fides, sans foi ni loi, détestés des autres races,
qui menaçaient de former une ligue et d'exter-
miner l'ennemi commun. Il connaissait le nom
des diverses peuplades, leurs mœurs, les parages qu'elles fréquentaient ; il savait même les
reconnaître aux traits distinctifs du costume et
du visage. Parmi les tribus indiennes, une surtout se faisait remarquer par sa douceur, son
humanité, sa constante affection pour les blancs
et (chose étonnante chez les Indiens) par sa
scrupuleuse probité. C'est la tribu des Nez-
Percés. Pierre avait résolu de chercher un re-
fuge chez ces braves gens. Familiarisé comme
il l'était depuis cinq ans avec les passages et les
défilés des montagnes, rien n'était plus aisé ;
mais le hasard lui offrit une occasion plus favorable encore, et il en profita.

Le successeur du chef blessé devant le village
des Crows était jeune, entreprenant, et désirait
surtout se signaler par une action d'éclat et de
profit contre une caravane européenne. Ses coureurs lui ayant appris qu'une troupe considérable

campait dans la vallée du Green-River, qui, après
sa jonction avec le Colorado, se jette dans le golfe
de Californie, tous les guerriers furent convoqués
cette fois, et non-seulement Pierre ne fut pas
exclu, mais on lui dit qu'on comptait sur sa
bravoure et sur sa connaissance des habitudes
des Visages pâles. La tribu au grand complet se
mit en mouvement. Après six jours de marche,
on arriva dans la vallée où la fatale curiosité de
Pierre l'avait fait tomber entre les mains des
sauvages. Heureusement les quatre drôles qui
avaient fait le coup avaient péri dans diverses
rencontres ; personne ne remarqua son émotion
en passant près du petit bois.

Lorsque les Pieds-Noirs atteignirent la vallée
du Green-River, le camp était levé ; ils en suivirent les traces sur la rive droite du fleuve, et le
huitième jour les éclaireurs annoncèrent la présence des Européens, affirmant n'avoir pas été
eux-mêmes remarqués. La nuit approchait, on
tint conseil : l'attaque du camp fut décidée pour
le lendemain au point du jour.

Les Gros-Ventres s'avancèrent d'abord en silence et avec précaution jusqu'à portée de fusil des palissades ; tout paraissait tranquille. Ils poussèrent leur cri de guerre sans que rien bougeât. Enhardis par ce silence, croyant à une surprise ou à une terreur panique de l'ennemi, ils se précipitèrent en avant ; mais à vingt pas du retranchement, deux rangées de carabines s'abaissant avec une précision mathématique, couchèrent quinze Indiens sur le terrain. Le reste prit la fuite, hors un seul, qui, bravant tout danger, continua sa course vers le camp, criant qu'il était Européen.

CHAPITRE DIX-NEUVIÈME.

La Californie.

On s'expliqua. Pierre, bien reçu, conta son aventure, et apprit que la caravane, venue avec le projet de faire le trafic des pelleteries, renonçait à ce pauvre commerce pour un métier plus lucratif : il s'agissait de trouver de l'or en grattant la terre :

« Enfin, dit Pierre, j'arriverai donc à la fortune ! Le ciel, après tant de malheurs, me devait bien ce dédommagement.

— Pour entreprendre ces travaux il faut des avances ; avez-vous de l'argent ? » lui dirent les prudents enfants de l'Union.

Pour toute réponse, Pierre fit sonner sa ceinture. Il eut aussitôt à choisir entre vingt associés ;

car il était convenu que, sur la terre promise,
les engagements contractés pour le trafic des
pelleteries seraient rompus de droit, et que chacun reprendrait sa liberté. Chacun l'eût déjà
reprise sans les périls du voyage.

Le Green-River ou Rivière Verte, que l'on
confond souvent avec le Colorado, n'est pourtant qu'un des affluents de ce dernier, qui prend
sa source au cœur même des montagnes Rocheuses, un peu au delà du 44° degré de latitude
nord. Plus à l'ouest, entre le 44° et le 43° degré,
le Green-River proprement dit sort des montagnes par deux sources qui, après avoir coulé
séparément, se réunissent presque au 43° degré
pour se jeter un peu au-dessous dans le grand
Colorado. J'ai insisté sur ce point afin d'établir
solidement en géographie l'honneur de Pierre,
dont je ne suis que le secrétaire, et qui a bien
réellement parcouru les lieux qu'il décrit. Le
vaste pâté dont il a été parlé, ce point culmi-
nant des montagnes Rocheuses, est coupé dans
ses parties déclives de deux anfractuosités.

11.

L'une, appelée la passe du nord, après avoir
traversé le pays des Crows, longe du nord au
sud la vallée appelée le Trou de pierre, et,
tournant brusquement à l'ouest, côtoie la rivière
Lewis ; l'autre, la passe du sud, décrit autour
du massif un arc de cercle, touche en passant
la même vallée, et se rapproche aussi de la rivière Lewis, dont elle suit un moment la rive
gauche, comme la passe du nord en suit la rive
droite. Selon que les caravanes viennent du nord
ou du sud de l'Amérique septentrionale, elles
suivent l'une ou l'autre voie.

Nos aventuriers, laissant derrière eux la passe
du sud, côtoyèrent la branche orientale du Green-
River, le traversèrent vers le milieu de l'intervalle qui sépare le point où la bifurcation cesse
de celui où cette rivière se jette dans le Colorado, et prirent la route appelée de la Compagnie des fourreurs, qui les conduisit au dépôt
de cette compagnie, non loin du lac Youta ou
lac Salé. De ce point, ils se dirigèrent sur San-
Bernardo par la route dite du Capitaine Smith,

qui devait les conduire à San-Francisco. Les environs du lac leur offrirent quelques ressources : de rares pâturages attirent dans ces contrées des troupeaux de buffles et de chevaux sauvages. La chasse fut heureuse. On sala la chair de buffle, et les chevaux pris au lasso remplirent le vide fait parmi les bêtes de somme. Mais à partir de San-Bernardo, le pays prit l'aspect le plus désolant; pas de trace de créatures vivantes, pas de trace de végétation. Au nord, au sud, à l'est, à l'ouest, partout où le regard pouvait atteindre, une vastè mer de sable, brillant de l'éclat de sels efflorescents. Il fallut, pour se guider, avoir recours à la boussole et prendre le point, comme en plein Océan. C'est à peine si de temps à autre un maigre cours d'eau suffisait à renouveler leur provision. Les chevaux ne pouvaient résister à de pareilles privations; ils furent abattus et donnèrent de la viande fraîche. La troupe parcourut ainsi, en supportant d'incroyables misères, deux cents lieues de pays, et arriva au pied de la sierra

Nevada, qui, comme l'indique son nom, est couverte de neiges perpétuelles. Dès que les aventuriers l'eurent franchie par un col, une magnifique contrée s'ouvrit devant eux. La terre promise ne fit pas palpiter de plus de joie le cœur des-Hébreux.

Vers les sources de l'Orégon, les montagnes Rocheuses projettent à l'ouest de nombreuses ramifications. L'une d'elles, tournant au sud, court presque parallèlement à l'océan Pacifique jusqu'à la pointe méridionale de la Californie : c'est la sierra Nevada. Entre elle et le rivage, les monts Californiens se dressent, moins élevés, et comme une première ligne de fortifications. D'une de ces chaînes à l'autre, des collines basses circulent comme des veines qui relient deux artères, et varient l'aspect de cette riche et immense vallée, la plus belle du monde peut-être. Des troupeaux de cerfs, d'antilopes, de taureaux et de chevaux sauvages dédommagè-rent amplement nos voyageurs des privations qu'ils avaient supportées dans le désert. La val-

lée de los Tularès (c'est le nom qu'elle porte),
est coupée d'une infinité de petites rivières qui
forment, de loin en loin, des lagunes comme
les grains d'un chapelet, et abondent en poisson.
Hommes et chevaux, rafraîchis et ravitaillés,
traversèrent cette délicieuse contrée, plus belle
encore que la partie habitée de la Californie,
n'ayant plus devant eux qu'une barrière à franchir, les monts Californiens.

En parcourant ce pays riche en gibier, l'expédition rencontra plusieurs tribus indiennes.
Ces sauvages, petits, grêles, timides, mais vin-
dicatifs, dit-on, ont un aspect stupide. Cette
malheureuse population, d'une horrible malpro-
preté, est dévorée par le fléau qu'on dit origi-
naire du nouveau monde. Ces rencontres se
passèrent sans hostilités, et les aventuriers cam-
pèrent à la lisière d'un bois de chênes gigantesques, de sapins et de sycomores, où ils se repo-
sèrent deux jours avant de franchir la dernière
chaîne de montagnes qui s'élevait devant eux.
Pendant qu'ils apprêtaient leur repas, une troupe

de cinq hommes, trappeurs européens, s'approcha du camp. Invités à prendre leur part du
diner, ils acceptèrent. Leur chef, un homme de
haute taille et de formes herculéennes, paraissait avoir soixante ans. Pierre crut lui être agréable en lui offrant d'une espèce de galette cuite
dans un four de campagne, et qui pouvait, sans
trop de désavantage, remplacer le pain.

« Merci, mon camarade, répondit le trappeur
d'une voix sonore ; il y a quarante ans que, pour
la dernière fois, j'ai mangé du pain et bu du
lait. Ces drogues sont pernicieuses. La chair de
bœuf, la venaison, la chair d'ours, voilà la nourriture d'un homme digne de ce nom.

— Quel âge avez-vous ? demanda Pierre.

— Quatre-vingts ans. »

Comme on se récriait, il ajouta :

« J'ai encore le jarret solide et la main sûre,
mais la vue commence à s'affaiblir. »

On est effrayé de l'énergie de ces hommes
quand on songe que si les figues et le raisin

attirèrent les Barbares dans le midi de l'Europe, ce fut le pain qui les y fixa.

Vers le milieu de la vallée de los Tularès, l'expédition avait marché au nord et longé la rive droite du San-Joaquin, qu'elle évita ainsi de passer en le tournant à sa source. Le pays présentait un aspect magique, même pour ces yeux dont le regard avide et inquiet cherchait au delà de l'horizon : en face, les monts Californiens, dernière et impuissante barrière ; à gauche, le San-Joaquin, coulant majestueusement vers San-Francisco, et à droite, aussi loin que la vue pouvait s'étendre, du nord au sud, la forêt où ils avaient campé. Le San-Joaquin disparut derrière eux comme s'il se fût vidé dans l'Océan, la forêt vierge sembla s'abîmer dans la terre, les monts Californiens furent franchis... ils avaient l'or sous leurs pieds !

Tandis que dans notre vieille Europe la terre suffit à peine à la subsistance du laboureur, que le déshérité ne trouverait pas un coin où semer pour lui seul ce que sa main peut contenir de

blé, conquérants sans combats, ils se dirent :
« Ceci est à nous, car nous sommes les premiers venus. » Et ils plantèrent leurs tentes, et
leur frontière fut marquée, et ils chargèrent
leurs rifles.

CHAPITRE VINGTIÈME.

Comment on se prépara au combat et comment il n'eut
pas lieu ; comment deux compagnies se fusionnèrent.

En 1848, deux hommes faisaient construire
une scierie. Le bâtiment achevé, le canal se
trouva trop étroit : il fallait le poids d'un volume
d'eau plus considérable pour mettre les roues en
jeu. Afin d'économiser le temps et le travail, on
amena sur l'une des berges un courant, sous
lequel elle s'éboula, mêlée de sable et de gra-
vier. Ce sable brillant attira l'attention d'un des
propriétaires ; il l'examina, y trouva des par-
celles d'or, et fit part de la découverte à son
associé. Ils se promirent le secret. L'intérêt leur
commandait d'être fidèles l'un à l'autre, ils le
furent ; et pourtant huit jours s'étaient à peine

12

écoulés que le secret de deux devint celui de tous.

Si le nom du Christ a mis dix-huit siècles pour pénétrer dans le monde qu'il doit sauver ; si sa parole fut méconnue, sa foi scellée du sang des martyrs ; si la lutte dure encore, non plus sanglante, mais acharnée, en revanche, le nouveau dieu marcha comme un triomphateur : les flots murmurèrent son nom jusqu'aux plages les plus lointaines, l'oiseau les redit dans ses chants, le vent le souffla aux quatre coins de l'horizon. A cette bonne nouvelle, les peuples tressaillirent ; tout ce qui ne tenait pas au sol ou à la famille par des liens trop étroits s'ébranla. Juifs, Chinois, mahométans, païens, sectateurs de Brahma, chrétiens de toutes les Églises, unis dans une commune foi, dans un même et ardent amour, coururent à ce nouveau Bethléhem, bénirent la mère vierge qui leur donnait un tel fils, le dépouillèrent de ses langes, le lavèrent, et firent bonne garde autour de lui ; ils l'eussent mis en eux, tant les dévo-

rait un insatiable appétit. Si les mains furent
ensanglantées, ce n'était pas qu'on le repoussât,
c'est qu'on aimait trop le dieu.

Le premier soin de nos aventuriers fut de se
loger; ceux qui n'avaient pas de tentes construisirent des baraques. On se partagea les provisions, des associations de deux ou trois hommes
se formèrent, et on se disposa au travail. Le
second jour de leur arrivée, les tentes étant
dressées et les baraques achevées, ils virent
descendre le long du Sacramento, dont ils n'é-
taient éloignés que d'un quart de lieue, une
troupe numériquement plus forte que la leur, et
dont les intentions paraissaient hostiles. L'im-
minence du danger les réunit comme l'âpreté au
gain les avait séparés; ils coururent aux armes
et se rangèrent en bon ordre. L'agresseur fut
reçu militairement au cri de : Qui vive? Deux
des arrivants se détachèrent, et les nouveaux
venus envoyèrent deux hommes à leur rencontre. Les premiers demandèrent de quel droit
on s'emparait d'un terrain qui leur appartenait.

« Nous n'avons trouvé nulle trace de possession, répondirent les autres, le terrain était
libre ; nous nous y sommes installés, nous y
resterons. »

La dispute s'échauffant entre les quatre hommes, ceux qui étaient restés en arrière s'appro-
chèrent insensiblement, soit pour l'écouter, soit
pour y prendre part, et on se trouva bientôt à
portée du poing et du couteau. C'étaient des
cris, des jurements, des menaces, une confusion inexprimables.

Au milieu de ce tumulte, une voix aigre et
stridente dominait toutes les autres. Pierre chercha d'où elle partait, et reconnut, avec autant de
surprise que de joie, parmi les assaillants,
Dick, son ami de New-York. Il fendit la presse,
s'approcha de lui, et lui mettant la main sur
l'épaule : « Voudrais-tu lever le couteau sur moi,
frère ? » lui dit-il.

La vue d'un mort sortant de son tombeau
n'aurait pas frappé l'ami Dick de plus de stu-
peur. En sa qualité de Yankee, il n'était pas

démonstratif; il serra la main de Pierre et se contenta de répondre : « Non. Calme tes amis, je vais essayer de faire entendre raison aux miens. »

Ce fut une affaire difficile; ils réussirent cependant à obtenir une trêve pendant laquelle, chargés chacun des intérêts de son parti, ils se retirèrent à l'écart et discutèrent.

« Voyons, dit Pierre, pourquoi cette querelle? Est-ce que la terre manque devant nous? Cette immense forêt de pins ne recèle-t-elle pas de l'or dans toute son étendue? N'en peut-on pas dire autant du pays entier? N'y a-t-il pas place pour vous et pour nous? Le terrain que nous occupons n'appartenait à personne; mais vous êtes jaloux, vous en voulez plus que vous n'en sauriez exploiter; vous ressemblez à ces enfants gloutons et envieux dont leurs bonnes disent qu'ils ont les yeux plus grands que le ventre.... Avouez qu'une seule chose vous a décidés à nous attaquer, c'est que vous êtes les plus forts. »

Dick avoua sans difficulté.

12.

« Nous sommes vingt, continua Pierre, et vous êtes trente : un tiers de plus, c'est beaucoup ; mais songez que nous sommes ici pour faire fortune ou mourir. Nous tomberons jusqu'au dernier plutôt que de reculer, et si vous avez notre vie, vous la payerez cher.

— Ami Pierre, interrompit Dick, ce que tu dis là est inutile pour moi, qui en te voyant ai renoncé à toute idée de querelle ; mais il faut faire entendre raison à ces enragés. Je vais l'essayer. »

Dick n'était pas précisément éloquent ; cependant il fit si bien valoir les raisons de Pierre, que, soit conviction, ce qui est douteux, soit crainte sur l'issue de la lutte, ce qui est plus probable, les agresseurs s'apaisèrent peu à peu. On se mêla, on lia conversation, et on finit par conclure une alliance que l'absence de toute justice organisée rendait nécessaire. On se distribua le terrain, et il fut décidé que les deux troupes n'en feraient plus qu'une en cas d'attaque. Quant à l'exploitation de l'or, des groupes

se formèrent, travaillant chacun pour son compte
et ne partageant qu'avec ses associés. C'était,
en petit, la grande république fédérative des
États-Unis.

CHAPITRE VINGT ET UNIÈME.

Ce qui vient au bruit du tambour s'en va au son
de la trompette.

Pierre, Dick, un Espagnol et un Chinois,
formaient un de ces groupes. Voici quel était
l'ordre du travail : du lundi au vendredi soir on
recueillait le sable chargé de minerai ; le samedi
était consacré au lavage qui séparait le métal
de la partie terreuse ; le dimanche matin avait
lieu le partage, et, pour beaucoup d'entre les
mineurs, le dimanche soir voyait disparaître au
jeu le gain de la semaine. Une autre cause de
ruine pour les mineurs même sages, dont Pierre
faisait partie, était l'excessive cherté des vivres.
Un industriel de l'Union, appelé Killer, épicier-
médecin-pharmacien, avait planté sa triple

enseigne non loin du lieu où campaient nos
aventuriers. Il leur vendait une livre de biscuit
six dollars ou trente francs, la livre de sucre ou
de café cinq francs, une portion de bœuf fumé
dix francs, une poule trente francs; et comme
c'était un homme universel, il se chargeait du
blanchissage à raison d'un dollar ou cinq francs
la pièce. Beaucoup de mineurs ne vivaient que
de biscuit et se soutenaient par le vin de Champagne, qu'ils payaient une once d'or la bouteille. Pierre, décidé à faire fortune, se mit au
régime : il mangeait, il est vrai, une livre de
biscuit à ses deux repas, mais il se contentait
d'une demi-portion de viande. L'eau du Sacramento arrosait ce frugal repas; et pourtant sa
table lui coûtait trente-cinq francs par jour. A la
vérité, la petite société dont il était membre
joua de bonheur : le partage donna à chacun,
en moyenne, des journées de dix onces d'or.
Depuis leur arrivée jusqu'au 1er juillet, ils
avaient travaillé environ cent jours; Pierre, qui
ne dépensait qu'une demi-once, se trouva ainsi

possesseur de neuf cent cinquante onces d'or, environ soixante-seize mille francs. C'était presque une fortune; un autre s'en fût contenté peut-être, mais il tenait la bête et n'était pas homme à la lâcher. En vain ses camarades lui conseillaient-ils de réformer au moins son régime d'anachorète; plein de confiance dans la vigueur de sa constitution, dans sa jeunesse, dans son indomptable énergie, il resta sourd à toutes les remontrances, et redoubla d'ardeur au travail.

On sait qu'un Chinois était associé à Pierre et à Dick. Ce jeune homme, de vingt ans à peu près, dont le nom barbare ne souillera pas ces pages, témoignait à Pierre une affection presque servile. Souple, adroit, rusé, il choisit parmi ses associés celui dont l'intelligence, le courage et la force semblaient devoir lui offrir une protection plus efficace, et quand les jours d'épreuve arrivèrent, son dévouement ne faiblit pas.

Les trois mois qui séparent le 1er juillet du 1er octobre sont une saison fatale aux chercheurs d'or. Soit qu'il s'élève des terrains fouillés des miasmes pestilentiels, soit que les alternatives de froid et de chaleur attaquent les sources de la vie, comme dans nos Antilles, où, pendant la même saison, un grain de pluie surprenant un chasseur européen éloigné de toute habitation équivaut pour lui à un arrêt de mort, toujours est-il que la fièvre, à cette époque de l'année, décime les travailleurs dans la vallée du Sacramento. La science moderne appelle cette fièvre *typhoïde;* on la nommait il y a cinquante ans *pernicieuse* ou *maligne,* mots restés encore à l'usage des profanes. Je me souviens à ce propos d'une dame dont le fils était malade: « Docteur, dit-elle à son médecin, je crains une fièvre maligne.

— Madame, répondit le railleur orthodoxe, il n'y a pas de fièvre maligne; ce sont les médecins qui sont malins. »

Quoi qu'il en soit, dans les premiers jours de juillet, Pierre, dont une nourriture insuffisante et malsaine avait affaibli le corps, éprouva les premiers symptômes de ce mal redoutable. Il voulut, mais trop tard, modifier son régime; le vin de Champagne ne fit que hâter le développement de la maladie, et le 15 juillet, en rentrant sous sa tente, il fut pris d'un accès si violent, accompagné de frissons et d'insupportables tiraillements dans les jambes, qu'il n'eut que la force de se jeter sur son grabat. Dick et le Chinois le déshabillèrent, le couchèrent, amoncelèrent sur lui tous les vêtements de l'association, et le citoyen de l'Union, pour lequel le lendemain était un jour de travail, lui souhaita bon courage, une bonne nuit, une prompte guérison, et s'alla coucher. Le Chinois, malgré les instances de Pierre pour l'engager à se retirer aussi, déclara qu'il veillerait son ami et ne l'abandonnerait pas. Il s'installa dans la tente.

L'état de Pierre devint bientôt effrayant; le délire s'empara de lui, et il commença une de ces longues divagations comme en inspire la fièvre. Il raconta au Chinois stupéfait sa vie tout entière, tantôt avec un cynisme révoltant, tantôt avec une admirable éloquence, et finit par voir dans le jeune homme la femme indienne qu'il avait laissée chez les Pieds-Noirs.

« Écoute, lui dit-il en l'appelant mystérieusement près de son lit, je n'ai aucune confiance dans les bandits qui nous entourent. Le sac d'or est enterré là sous un des pieds du lit; je te dis cela parce que tu es une bonne femme d'être venue me retrouver. Nous sommes riches, nous partirons demain pour les prairies; nous irons chez les Nez-Percés, qui sont de braves gens. Mais garde-toi de montrer à qui que ce soit la place de l'or. »

Il parla ainsi toute la nuit, l'œil hagard, la poitrine oppressée, le geste brusque, saccadé, jusqu'à ce qu'enfin, au point du jour, il tomba épuisé ou plutôt foudroyé comme un bœuf que le stylet du boucher vient de frapper à la nuque.

Lorsque Dick entra dans la tente de Pierre, il ne trouva plus qu'une masse inerte où la respiration indiquait seule un reste de vie.

« Va chercher Killer, » dit-il au Chinois.

Le docte épicier secoua la tête d'un air signi-
ficatif. « Il est perdu, dit-il, à moins d'un miracle ; mais on doit tout tenter pour sauver une
créature de Dieu. Il faut des soins assidus : qui
s'en chargera ?

— Moi, répondit le Chinois.

— Quant à présent, continua Killer, il n'y a
autre chose à faire qu'à lui tenir, jour et nuit,
sur le front, une vessie remplie d'eau froide,
qu'il faudra renouveler souvent. Tu viendras la
prendre chez moi. »

Pendant six jours Killer fit régulièrement
deux visites ; il administra au malade de fortes
doses de sulfate de quinine, des pilules de musc,
et le sixième jour, aucune amélioration n'étant
survenue, il annonça qu'il allait tenter un coup
décisif : il couvrit le ventre du patient d'une
large friction mercurielle. A ce moment les plus
terribles symptômes se manifestaient : Pierre,
les bras hors du lit, cherchait dans le vide
quelque chose d'invisible qu'il ramenait sur lui ;
geste sinistre par lequel il semble que l'âme

prête à s'envoler appelle la terre qui doit couvrir et dévorer le corps, son compagnon de misère.

« Il passera au chant du coq, » dit Killer ; et il sortit accompagné de Dick.

Le fidèle Chinois resta à son poste.

Le matin du septième jour, le Yankee, en entrant sous la tente de son camarade, s'attendait à le trouver mort ; il fut bien étonné de le voir à moitié assis sur son lit, faible, mais hors de danger, grâce à un suprême effort de la nature. Le garde-malade avait disparu. Dick en conçut des soupçons, qu'il se garda de communiquer à son ami, dans la crainte de lui porter un coup mortel ; mais après avoir averti Killer, qu'il félicita de cette cure merveilleuse, il courut s'informer du Chinois. Personne ne l'avait vu, et on ne le revit pas.

Cependant Pierre semblait sortir du sommeil d'Épiménide ; il ne conservait aucun souvenir de ce qui s'était passé durant sa maladie. Sa convalescence exigeant les plus grandes précautions,

Killer plaça auprès de lui son jeune fils, âgé
d'une douzaine d'années, chargé de remplacer
le Chinois. Les bouillons, les potages, les ali-
ments légers, sortant de l'officine de Killer,
rendirent au bout de quelques jours un peu de
force au malade, si bien qu'un dimanche, jour
où Dick, libre, lui tenait compagnie, il voulut
faire sa toilette. Il se décoiffa, et trouva ses
cheveux dans son bonnet de nuit. L'impassible
Dick lui présenta une glace, et il put juger alors
des ravages du mal : l'œil droit, roulant dans
son orbite comme un taureau blessé, semblait
vouloir fondre sur son frère jumeau; les gen-
cives, tuméfiées, dardaient des jets de sang; les
dents branlaient dans leurs alvéoles; il en perdit
deux, et sa bouche prit l'agréable aspect d'une
fortification avec des embrasures. Pierre était
un homme laid. Avec le temps, cependant, il
s'habitua à ce nouveau visage : son front chauve
lui donnait l'air d'un penseur; les vides formés
entre ses dents, agissant comme repoussoir,
faisaient ressortir la blancheur de celles qui res-

taient, et il se dit qu'il avait le regard de Vénus; car il croyait avoir lu quelque part, sans
pouvoir dire où, que cette déesse était repré-
sentée avec des yeux louches. Pour justifier les
Grecs, doués d'un sentiment si vif et si pur du
beau, et pour soutenir son assertion, il dis-
tinguait subtilement la déesse de la beauté de
celle de la volupté; c'était à cette dernière qu'il
donnait des yeux convergents, le strabisme,
disait-il, accompagnant toujours, dans des moments donnés, l'ébranlement du système ner-
veux. Mais peu d'observateurs sont assez maîtres
d'eux-mêmes pour vérifier ce point important.

Dès que Pierre fut hors de tout danger, il
reçut la visite de Killer, porteur d'un mémoire
qui mérite de trouver place ici :

13.

Pour avoir fait à Pierre Solis quinze visites à 6 onces l'une,
90 onces, soit 1,440 dollars, ci. . . . ., . 1,440

Pour avoir fourni de l'eau entretenue froide à
grands frais, 22 dollars, ci. 22

Sulfate de quinine, 20 dollars, ci. 20

Pilules de musc, 10 dollars, ci. 10

2 gros d'onguent mercuriel pour friction, 2 dollars, ci. 2

Six poules pour faire du bouillon au convalescent,
à 6 dollars l'une, 36 dollars, ci. 36

Une livre de riz pour potages, 1 dollar, ci. . . . 1

Pour six journées du petit, employées à servir le
malade, à 4 dollars l'une, 24 dollars, ci. . . . 24

Total en dollars. . . . . , 1,555

En bon français, sept mille sept cent soixante-quinze francs.

La somme était énorme; mais si elle ébréchait la fortune de Pierre, elle ne le ruinait pas. Il se promit d'être plus prudent, et songea à réparer cette perte dès que sa santé serait revenue. Il pria Dick, qui se trouvait là, de l'aider à déplacer son lit. Il découvrit la cachette de son or... la place était vide. Il se releva en pâlissant, promena sur les deux hommes un regard froid mais terrible, et attendit des explications. Dick lui raconta alors comment le Chinois l'avait veillé seul pendant sa maladie et avait disparu le jour même où, suivant la prédiction de Killer, une crise fatale devait avoir lieu. « J'ai rempli, ajouta l'Américain avec conviction, le devoir d'un ami : j'ai fait courir dans tous les placers le signalement du voleur; s'il est pris, il ne peut manquer d'être pendu. » Pierre comprenait autrement l'amitié; il ne dit rien du cruel abandon dans lequel on l'avait laissé, il se contenta de sourire dédaigneusement, et, ouvrant son matelas avec un couteau, en tira une bourse. « On ne m'a pas tout pris, » dit-il.

Pendant cette scène, Killer s'était fait ce raisonnement : Ou il a encore de l'or, et il me payera, ou il n'en a plus, et je fais durer la convalescence, je le nourris jusqu'à ce qu'il soit en état de travailler; la dette s'accroît, les intérêts s'accumulent, et j'ai un mineur à perpétuité.

La poudre d'or pesée dans une balance dont l'industriel ne se séparait pas plus que de ses lunettes, et le mémoire soldé, Pierre, auquel il restait une quantité d'or suffisante, croyait-il, pour gagner San-Francisco, prit son chapeau et sa carabine (il était léger de bagage), et, frappant la terre par un geste de malédiction, fit quelques pas pour s'éloigner.

« Où allez-vous? cria Dick.

— A San-Francisco.

— Êtes-vous fou? dit Killer. A pied! vous n'arriverez jamais, vous mourrez en chemin. Tenez, je vous fais une proposition : je devais envoyer mon commis à San-Francisco avec une charrette pour renouveler mes approvisionne-ments; ce voyage ne se serait fait que dans vingt jours ou un mois, mais pour vous être agréable, je l'avancerai.

— Bien obligé, répondit Pierre; j'ai fait con-naissance avec vos mémoires; si vous le voulez, nous en resterons là.

— Monsieur Solis, dit l'industriel, vous me jugez mal. Je vends cher parce que j'achète cher aussi; mais autre chose est faire un métier, autre chose rendre un service. Ma charrette vous transportera pour rien! »

Pierre se retourna pour voir comment un sentiment généreux naît dans l'âme d'un fripon, avec la curiosité d'un homme auquel on annoncerait qu'une plante est sortie d'un bloc de marbre.

« Comme c'est pour vous que j'avance le voyage, continua Killer, vous payerez jusqu'à San-Francisco la nourriture du jeune homme et des bêtes; vous êtes trop juste pour vous y refuser.

— Dieu vivant! s'écria Pierre (c'est une exclamation de son pays), j'ai cru que cet homme allait faire un miracle. »

Un moment de réflexion lui fit comprendre que ce moyen était le seul praticable. « J'y consens, dit-il; mais que ce soit à l'instant même, sans perdre une minute.

Il fit son entrée à San-Francisco étendu sur son matelas placé dans la charrette, et ayant dans sa bourse, en poudre d'or, la valeur de deux dollars, de quoi vivre vingt-quatre heures.

CHAPITRE VINGT-DEUXIÈME.

Comment Pierre entra dans un café et qui il y trouva.

Avant la découverte des mines d'or, le village de San-Francisco comptait au plus deux cents habitants; un an après, à l'époque où Pierre y arriva, c'était une ville populeuse, et on bâtissait dans toutes les directions. Ces maisons, élevées à la hâte, presque toutes en bois, n'offraient guère qu'un abri contre le soleil et la pluie; rien n'y était prévu pour les commodités de la vie. Qu'est-ce en effet que de pareilles superfluités pour des hommes dont la vie active est tout extérieure? Cette population, sédentaire ou flottante, s'agitait comme une fourmilière : les quais étaient encombrés de marchandises qu'on embarquait ou débarquait, des hommes affairés (les femmes et les enfants y étaient rares, les nouveaux venus s'étant affranchis de cette charge) couraient de la ville au port et du port à la ville, marchandant, achetant, vendant, disputant, criant dans toutes les langues et avec toutes les physionomies dont Dieu a timbré la face humaine.

Pendant que Pierre observait ces prodiges de l'activité stimulée par l'appât du gain, la nuit se faisait peu à peu. Il remarqua qu'il se trouvait dans la position où il s'était vu à New-York quelques années auparavant; mais Killer ne ressemblait pas au capitaine marseillais. La chaleur était accablante, il avait soif; il remit au lendemain à chercher de l'ouvrage, et entra dans un café pour se rafraîchir : c'était un vaste hangar en bois dont les gares provisoires de nos chemins de fer peuvent donner l'idée. Des tables sur trois lignes parallèles coupaient dans sa longueur l'édifice, où une foule compacte et bruyante jouait ou buvait, enveloppée d'un épais nuage de fumée de tabac. Les tables gémissant sous le poing des joueurs malheureux, les verres sonnant l'appel des buveurs impatientés, les imprécations, les rires, les apostrophes se croisant dans l'air, des hommes bien vêtus ou débraillés, mendiants hier, millionnaires aujourd'hui, portefaix d'Europe enrichis, élégants d'Europe devenus porte-faix, et, au milieu de cette risible mascarade, de ce concert diabolique, des garçons effarés, le plateau sur la main, sillonnant la salle dans tous les sens comme les éclairs un ciel d'orage, tel fut le spectacle auquel Pierre assista d'une petite table qu'il avait trouvée vide dans un coin. Il frappa pour attirer l'attention, demanda de l'eau-de-vie et de l'eau, et, les coudes sur la table, la tête entre ses mains, se plongea dans ses réflexions. Après un moment d'attente, la voix d'un garçon qui posait un plateau devant lui en l'avertissant qu'il était servi le fit tressaillir. Il releva la tête, se dressa sur ses pieds, et étendant les bras : « Germain ! » s'écria-t-il.

Le bon Germain, qui avait hésité à reconnaître son ami, tant la métamorphose était complète, le serra dans ses bras avec des larmes de joie.

« O mon Dieu! dit-il, vous ici! vous vivant! et par quel miracle? Nous ne nous quitterons plus. »

Il n'eut pas le temps d'en dire davantage; il donna à Pierre la clef de sa chambre, en lui recommandant d'aller l'y attendre.

Dès que le café fut fermé, Germain courut retrouver son ami : jamais amoureux de vingt ans ne monta plus lestement l'escalier de sa première maîtresse. Ces deux hommes, qui n'espéraient plus se revoir, restèrent longtemps dans les bras l'un de l'autre. Pierre conta ses aventures; Germain ne pouvait se lasser d'admirer son courage et son bonheur, si le bonheur consiste à échapper aux dangers.

« Ce n'est pas moi, dit-il naïvement, qui eusse résisté à tant d'épreuves; je sens que je suis commerçant, mais pas guerroyeur.

— Enfin, dit Pierre, vous connaissez mainténant mon histoire. Et la vôtre? Comment êtes-vous ici? Que s'est-il passé à Buenos-Ayres après mon départ? Que pense-t-on de moi là-bas?

— Mon histoire, répondit Germain, est aussi simple que la vôtre est compliquée. Si mon premier mouvement en vous voyant échapper à une mort qui paraissait inévitable fut de la joie, cette joie ne tarda pas à faire place à la douleur : il me semblait impossible que vous ne vous fussiez pas noyé. J'en vins à désirer que les cavaliers envoyés à votre recherche vous trouvassent caché dans les bois, au bord du fleuve. Je serais allé me jeter aux pieds du général, de cette horrible femme, et il me semblait que j'aurais obtenu au moins qu'on épargnât votre vie. C'était une folie que cet espoir, et les choses se sont arrangées pour le mieux, puisque, malgré tous vos malheurs, vous voilà en vie et sur le chemin de la fortune. »

Pierre sourit tristement.

« Oui, oui, continua Germain, je vous expliquerai cela tout à l'heure. Pour en revenir à

votre aventure de Buenos-Ayres, lorsque le
public, qui d'abord avait cru à un vol, eut un
peu réfléchi sur les circonstances qui l'avaient
accompagné, et comparé la peine au délit, on
commença à douter, et les plus hardis se dirent
à l'oreille qu'il pouvait bien y avoir au fond de
cette affaire une intrigue d'amour. Mais le général est puissant, vous étiez pauvre, inconnu,
étranger; on finit par oublier cette histoire, après
en avoir fait le texte d'une foule de plaisanteries
sur les goûts plébéiens de la fière señora.

« Quant à moi, Buenos-Ayres m'était devenu
insupportable. J'avais déjà vendu mon fonds de
parfumerie, et me disposais à aller aux États-
Unis, lorsque la grande nouvelle de la découverte des mines d'or en Californie me décida à
venir ici. Les propositions qu'on me fit à mon
arrivée à San-Francisco furent si avantageuses,
que, quelques merveilles qu'on racontât des
mines d'or, je préférai à ces brillantes éventua-
lités un bénéfice net et positif : je n'ai pas eu à
me repentir de ma résolution. On peut dire que

les mineurs extraient l'or pour nous. Tel que
vous me voyez, simple garçon de café aux ordres
de toutes ces brutes qui dépensent des trésors
dans l'ivrognerie, le jeu ou la débauche, ma
fortune est faite. Huit jours encore, et vous ne
m'eussiez peut-être pas trouvé ici. J'hésitais cependant, et voici pourquoi : Je suis, je peux le
dire, la cheville ouvrière de l'établissement que
vous avez vu; où il n'y avait que désordre et
incurie, j'ai mis l'ordre et la prévoyance. Le
propriétaire, riche grâce à moi, qu'il a du reste
enrichi aussi, veut me céder son fonds à des
conditions raisonnables, car sa santé est fort
altérée, et il a besoin de retourner en Europe.
J'hésitais hier, aujourd'hui je n'hésite plus. Dès
demain j'achète, et vous devenez mon premier
garçon à des appointements magnifiques jusqu'à
ce que vous ayez acquis une fortune telle qu'une
brèche ou deux faites à cette fortune, si le
malheur continue à vous poursuivre, vous laissent encore de quoi vivre honorablement en tout
pays.

14.

— Germain! Germain! s'écria Pierre attendri, faudra-t-il donc que ce soit toujours vous....

— Allons nous coucher, dit Germain, je
tombe de sommeil; il faut être sur pied à cinq
heures du matin. »

CHAPITRE VINGT-TROISIÈME.

. . . . pede pœna claudo.
La justice en boitant chemine vers son but.

————

Ils entrèrent dans l'unique lit qui, avec deux chaises de paille et un coffre de bois blanc, composait le mobilier de la chambre. Cet usage, qu'on retrouve encore parmi les gens du peuple, surtout dans les campagnes, et qui fut si cher aux hommes du moyen âge (Louis XI retenait souvent à coucher Philippe de Commines), a complétement disparu de nos mœurs. C'est dommage, car, entre hommes faits, il a quelque chose de fraternel et de touchant : partager le même lit, dormir sur le même oreiller, livrer les secrets que les rêves nous arrachent à un autre soi-même, quelle plus grande marque de confiance peut-on se donner? Si cet ancien usage revivait parmi nous, l'amitié compterait peut-être moins de traîtres.

Le lendemain, Germain alla trouver le propriétaire du café. Les conditions proposées furent acceptées, on conclut le marché à la satisfaction des deux parties; le prix fut payé comptant, comme cela devait être dans le pays de l'or, et, sans que pour le public il parût y avoir aucun changement, l'ancien parfumeur devint le maître. Plus libre qu'il ne l'avait été jusqu'alors, il fit des prodiges d'activité; il déploya plus d'adresse, plus de patience, plus de vrai courage à empêcher les pertes excessives au jeu, à calmer la fureur des ivrognes, à assoupir les querelles, à prévenir les rixes, à accroître, flatter, mater son indomptable clientèle, que n'en avait eu Pierre dans toutes ses pérégrinations.

Germain l'avait dit, il était dans son élément. En général, nous ne faisons bien que ce que nous sommes aptes à faire; nos facultés se déve-

loppent alors avec naturel, grâce, aisance,
comme d'elles-mêmes. Non que cette facilité
première dispense du travail, mais elle le rend
cher en le montrant fructueux. Voyez ce paysan
qu'un instructeur met pour la première fois sur
un vigoureux cheval, ses jambes l'étreignent
comme si le corps de l'animal eût été fait à leur
mesure; ses reins s'assouplissent instinctivement
pour suivre les mouvements de la bête; il ne sait
rien de l'art du cavalier, mais il est solide,
c'est-à-dire libre de toute préoccupation. Cette
sécurité l'encourage, l'enhardit, lui fait aimer le
métier auquel on le destine, et si à cette aptitude
naturelle se joignent de l'intelligence,
l'esprit d'observation, la finesse du tact, il sera
d'Abzac ou Baucher. J'ai connu un homme qui
avait parcouru à pied les Pyrénées : tout ce que
peut faire un bipède non ailé, il le faisait; il
franchissait les pas les plus périlleux avec une
légèreté, une adresse, une sûreté incompa-
rables; son bâton ferré tenu obliquement derrière lui comme un gouvernail, il se livrait à la

pente des glaciers couverts de neige, accélérant
ou modérant sa course à volonté. Eh bien, ce
même homme, sur un cheval un peu vif, n'était
pas tranquille : était-ce peur? Non. Rouler des
marches à pic, étroites, glissantes, qui mènent
à la brèche de Roland dans un précipice de trois
cents pieds de profondeur, est une perspective
bien autrement effrayante que de tomber de la
hauteur d'un cheval. C'est que, sûr de son pied,
de son jarret, sûr de sa tête, il sentait qu'il ne
s'unissait pas à sa monture. L'organisation lui
faisait défaut. Reconnaître ce à quoi on est
propre est le secret de cette vie; on ne le trouve
guère que par hasard. L'ambition, nos passions,
la vanité surtout, peut-être aussi l'ordre établi
dans la société, nous empêchent d'occuper la
place où nous pourrions être utiles. Il ne faut
pas se hâter cependant d'accuser les sociétés;
elles font ce qui est humainement possible, elles
s'occupent de l'ensemble. Aux carrières déjà
ouvertes de l'agriculture, de l'industrie, du
commerce, qui sont comme les organes essen-

tiels où circule la vie des États, elles en ajoutent d'autres, laissant à l'individu le soin de choisir. Les obstacles que j'ai dits, dont la plupart sont en nous, beaucoup plus que le sort qu'on maudit trop, nous écartent du droit chemin pour nous jeter dans de fausses voies; que si nous trouvons la bonne, une sorte d'inconstance qui tient à l'orgueil ou à la vanité nous en détourne souvent. Par une bizarre contradiction, comme nous nous agitons pour trouver notre route, nous nous agitons aussi pour en sortir, si notre étoile nous y a conduits. En résumé, pour presque tous les hommes qui réussissent, ce qu'on appelle le bonheur n'est qu'une juste application des facultés à un but qui leur est approprié. Combien de ceux-là peuvent dire : Je me suis fait moi-même? Présomptueux! il n'a pas tenu à vous de gaspiller vos dons naturels. Remerciez le besoin, la misère, le hasard; mais non, remerciez plutôt une paternelle violence venue d'en haut. Quand il plaira à Dieu d'établir l'harmonie universelle, il soufflera la grâce à chacun dans la direction de ses aptitudes : l'histoire d'Amphion ne signifie pas autre chose.

Pierre se trouva juste à la place où il fallait être un jour qu'il surveillait le débarquement de marchandises adressées d'Europe à son ami Germain. Il employait à ce travail deux hommes qu'il avait connus aux mines, et qui, dégoûtés du métier, étaient venus à San-Francisco. A côté du navire qui débarquait, un autre embarquait des passagers dont la fortune était sans doute faite. Il remarqua parmi ceux qui se disposaient à entrer dans le canot un personnage dont le visage était en partie couvert, mais dont la tournure lui rappela une vieille connaissance. La curiosité, peut-être un soupçon, le poussèrent à s'approcher du mystérieux voyageur.... Quand il eut distingué ses traits et fut bien sûr de l'avoir reconnu, le saisissant au collet, il cria d'une voix forte : « Au voleur ! »

En tout pays ce cri a le pouvoir d'ameuter la population, à plus forte raison en Californie, où une vie pour ainsi dire en plein air met les biens de chacun sous la sauvegarde de la foi publique. A peine le mot fatal eut-il été prononcé, que le Chinois (car c'était lui) fut entouré par la foule et traîné sur la place publique, suivi de son bagage. « La loi de Lyinch! la loi de Lyinch! cria-t-on de toutes parts; pas de grâce pour les voleurs! » Douze juges, choisis parmi les assistants, composèrent un tribunal improvisé; on est pressé dans ce pays, on y vit et on y meurt vite. Ils passèrent préalablement une corde autour du cou de l'accusé, et procédèrent à son interrogatoire. Il nia effrontément; mais reconnu par les deux témoins, ouvriers de Pierre, il perdit un peu de son assurance. Elle l'abandonna complétement quand le plaignant ayant décrit exactement la bourse qui lui avait été volée, inspection faite des bagages du Chinois, on y trouva le corps du délit. La cause était perdue, ou, si l'on veut, gagnée : Pierre rentra en possession de son or. Quant au Chinois, jugé et condamné, il fut exécuté séance tenante. Deux citoyens se firent honneur de le hisser à un

poteau de réverbère. Pourquoi pas? Douze soldats, fort braves gens, cassent bien la tête à
leur camarade qui a levé la main sur une épau-
lette d'or.

CHAPITRE VINGT-QUATRIÈME.

Départ pour l'Europe ; arrivée à Paris. Germain se marie.

—— ——

Soixante-dix millé francs furent d'un grand secours aux associés. Pierre, je le dis à sa louange, était moins heureux de retrouver l'or qu'il avait si légitimement gagné par son travail, que joyeux d'apporter sa pierre à l'édifice de leur fortune future. Sa dignité sauve, il se sentit plus homme. Germain ne vit dans ce bonheur inespéré qu'une excellente occasion d'étendre leurs spéculations. L'argent de Pierre, accru de tout ce qui n'était pas absolument nécessaire pour faire marcher et prospérer la principale entreprise, celle du café, fut prêté à des spéculateurs qui bâtissaient sur des terrains achetés primitivement à bas prix, mais dont la valeur s'était élevée dans des proportions démesurées. Germain prit, il va sans le dire, toutes les sûretés que peut donner la loi, tant sur les terrains que sur les constructions. Ce n'était pas sa faute si l'intérêt légal était exorbitant, si les spéculateurs furent malheureux, si les bâtisseurs travaillèrent précisément comme travaillent les abeilles ; Germain fut bon, humain, patient, il accorda des délais, se résigna en soupirant à de sensibles pertes ; mais comme, après tout, il était homme d'ordre, il se trouva en très-peu de temps légitime propriétaire, conjointement avec Pierre, de trois maisons des plus belles et des plus chèrement louées de San-Francisco.

Au commencement de 1853, on citait messieurs Germain Ballon et Pierre Solis parmi ceux qui avaient le mieux réussi en Californie. Germain sentait que le filon était exploité, Pierre était pressé de jouir, si bien que tous deux, sans s'être consultés, se dirent un jour : Si nous réalisions ? Le moment était favorable ; le café fut cédé, les maisons vendues, et le gain, fraternellement partagé, donna à chacun cinq cent mille francs.

« Voilà un beau commencement, » dit Germain.

Me voilà riche, pensa Pierre.

Un navire qui partait les transporta au Havre, et du Havre ils ne firent qu'un saut à Paris, ce tonneau des Danaïdes où les uns versent par un bout l'or de la France que, par le bout opposé, les autres ramassent.

Un observateur eût pu voir alors en quoi différait le caractère de ces deux hommes. Pierre, dont l'esprit était cultivé, aimait les arts. Il se composa une bibliothèque choisie, acheta de bons tableaux, des bronzes originaux et des vases de Chine et du Japon déterrés dans la poussière des magasins de bric-à-brac. Des meubles, pour lesquels il ne consulta que sa fantaisie, des curiosités et des armes indiennes achetées à San-Francisco, des oiseaux rares qu'il avait empaillés lui-même dans ses moments de loisir, donnaient à son appartement un aspect

15.

singulier où le goût pouvait trouver à redire,
mais qui étonnait par son originalité. Il ne se
livra cependant à ces dépenses, si souvent rui-
neuses, que dans une juste mesure; là n'était
pas sa pierre d'achoppement.

Quant à Germain, il se logea où il put, fit
prix avec un tapissier qui lui fournit des meubles
tout faits; Germain n'avait pas le temps d'attendre. Il sortait à midi, déjeunait au café, puis
se rendait à la Bourse pour étudier le mécanisme
de cette infernale machine. Il lui parut simple et
facile. La langue barbare qu'on parle dans ce
pays se classait dans sa tête sans effort, il dis-
tinguait comme d'instinct les bonnes valeurs des
mauvaises, et une sorte de pressentiment, qu'on
pourrait appeler le flair, lui faisait prévoir avec
une précision voisine de la certitude la hausse
ou la baisse. Il essaya d'entraîner Pierre dans le
gouffre; mais ayant reconnu la complète incapacité
de son ami, il résolut de poursuivre seul la tâche
difficile de gagner honnêtement des millions.

L'un tout à ses affaires, l'autre tout à ses

plaisirs, les deux amis se réunissaient souvent le soir. Trois ou quatre mois après leur arrivée à Paris, Pierre remarqua sur le visage de Germain, ordinairement franc et ouvert, quelque chose de diplomatique.

« Qu'avez-vous? lui demanda-t-il.

— Une grande affaire me préoccupe.

— Prenez garde! c'est en tremblant que je vous vois vous lancer dans des spéculations de Bourse.

— Moi! vous vous trompez; j'ai vu de près ces sortes d'affaires, je ne m'y mêlerai pas, mais je serai volontiers l'intermédiaire de ceux qui les font. En un mot, je veux être agent de change; il y a une charge à vendre, on me la propose.

— Y pensez-vous! s'écria Pierre; j'ai ouï dire que cela coûtait un million.

— C'est en effet ce qu'on me demande, répondit tranquillement Germain. Je n'ai, comme vous le savez, que la moitié de ce million, mais je peux le compléter par un mariage. »

Ce fut le tour de Pierre de se revêtir de diplo-
matie.... Il se voyait sommé de donner son avis.
Or, détourner un ami du mariage ou l'y pousser
lui parut une chose si grave qu'il n'osa en
prendre la responsabilité; cependant, comme il
connaissait le bon sens de Germain et croyait à
son étoile : « La femme que vous voulez prendre,
lui dit-il affectueusement, est-elle au moins digne par ses qualités d'un cœur tel que le vôtre?

— J'ai toute confiance en elle, répondit Germain, c'est là mon guide, il ne m'a pas encore
trompé. Elle n'appartient ni à l'aristocratie du
commerce ni à celle de la finance; son père,
qui s'est enrichi par un travail obstiné de près
de quarante années, l'a élevée dans la plus
grande simplicité. Vous allez rire : elle raccom-
mode elle-même le linge de la maison. Ne croyez
pas cependant que son éducation ait été négli-
gée; elle ne manque ni d'esprit ni d'instruction.
Vous en jugerez.

— Allons! s'écria gaiement Pierre, je vais
donc avoir une famille. »

Quinze jours après, Germain Ballon était marié. Au premier coup d'œil, Pierre jugea favorablement de la jeune femme. Plus agréable que jolie, elle était un peu timide, mais de cette timidité sans gaucherie qui est une des grâces de la première jeunesse. Il la caractérisait d'un mot : c'est, disait-il, une petite femme toute féminine. Plus tard, quand l'usage du monde eut effacé ce peu de sauvagerie native, elle fit le charme d'une réunion d'amis par sa gaieté, sa douceur, sa simplicité, employant son esprit comme un aimant pour attirer et mettre au jour celui des autres. C'était là sa seule coquetterie. Avec le désir de plaire, auquel une femme ne renonce jamais, on lisait clairement dans ses yeux : *Lasciate ogni speranza,* formule qui met à l'aise beaucoup plus d'hommes que les femmes ne le croient généralement. Madame Ballon traita Pierre comme un frère, aima son mari de tout son cœur, et lui donna plusieurs enfants. C'est tout ce qu'en dira cette histoire.

CHAPITRE VINGT-CINQUIÈME.

Où il sera prouvé que pour qui n'aime pas la réalité,
l'idéal a des dangers.

Le bonheur domestique de Germain fit naître
chez Pierre des idées de mariage auxquelles il
ne se croyait pas accessible, lui qui avait pris
pour devise ces deux vers de Dante :

> Libertà vo cercando, ch'è si cara,
> Come sa chi per lei vita rifiuta.

Pendant qu'il hésitait à faire à la morale publique et à l'ordre établi dans la société le sacrifice
de sa liberté, un attachement plus conforme à
ses goûts dissipa ces fumées d'ivresse conjugale.

Il avait connu dans ses stations à la Bourse
un de ces hommes dont l'existence probléma-

tique se passe à faire *des affaires*. Lesquelles?
Personne ne le sait, hors de malheureuses victimes que la honte d'avoir été prises pour dupes
ou l'impossibilité de le prouver condamnent au
silence. Il se nommait Griffe, et n'avait rien de
séduisant : son visage livide, anguleux, froid
comme le marbre, ressemblait à un coin. Le
trait distinctif de cette vilaine figure était un nez
insolent et aspirateur, ouvert à toutes les con-
voitises, et qui, droit comme le nez grec, formait avec le front un angle approchant de qua-
tre-vingt-dix degrés. Le peuple, en sa langue
imagée, dit qu'il pleut dans ces nez-là. Propre,
il avait l'art de donner à des vêtements neufs
un aspect sordide; toute sa personne exhalait
un parfum de cuistre qui soulevait le cœur. Mais
la nature lui avait donné la souplesse de la cou-
leuvre et la langue emmiellée qui séduisit notre
mère Ève. Pierre était une riche proie; il fit
tous ses efforts pour l'attirer à lui, car il espé-
rait en faire un de ses *clients*. C'est ainsi que,
par un singulier renversement des idées reçues

à tous les degrés de l'échelle commerciale ou industrielle, on nomme les opulents patrons qui vous font vivre ou vous enrichissent, et dont vous êtes les humbles valets. La vanité du titre sauve la servilité de l'office. Il ne tarda pas à s'apercevoir qu'il attaquait l'ennemi par le côté le mieux défendu ; en habile tacticien, il porta ses forces sur le point dégarni.

« Vous connaissez Montevideo, dit-il un jour à Pierre. Une de mes clientes a d'assez graves intérêts dans cette ville ; peut-être pourriez-vous lui donner d'utiles renseignements. Voulez-vous me permettre de vous présenter à elle ? C'est une charmante femme, fort à plaindre et très-intéressante. Elle se nomme madame Brunet. Consentez-vous ?

— Assurément, répondit Pierre.

— A demain donc, à trois heures. »

Madame Brunet avait épousé M. Brunet à seize ans ; c'est l'âge auquel se marient toutes les femmes destinées à devenir la pâture du serpent. Bientôt choquée du langage et des manières de cet homme matériel et grossier, indignée, humiliée, fière d'ailleurs, sans affection pour un mari qu'elle avait épousé par condescendance pour ses parents, elle céda, elle l'avouait, non pas à l'amour (ce sentiment solide, vrai, durable, n'est pas connu des jeunes filles, disent les pécheresses, l'expérience seule l'allume au cœur des femmes), mais à l'importunité, peut-être aussi à un mouvement de gratitude pour celui qui s'avisa de lui dire le premier : Vous êtes belle, on vous méconnaît, je veux vous venger. Elle se trompa cette fois encore, mais elle n'en pouvait imputer la faute qu'à elle-même. D'erreur en erreur, elle était arrivée aux limites de la jeunesse avec un cœur pliant sous sa virginité, et qui ne demandait qu'à se débarrasser de ce lourd fardeau. Tel est en abrégé et dépouillé de ses ornements le récit que fit madame Brunet à Pierre. Le mari était allé à Montevideo, en Amérique au moins, et on désirait savoir de ses nouvelles. Il est presque inutile de dire que Pierre n'avait entendu prononcer le nom de M. Brunet ni à Montevideo ni ailleurs. Je dois même ajouter qu'il n'avait dans le personnage, très-réel pourtant, qu'une foi douteuse.

Ce ne fut pas dans une première visite, mais peu à peu (Pierre avait demandé la permission de revenir, et on la lui avait accordée) qu'elle découvrit les mystérieuses douleurs de sa vie, la perte de ses naïves illusions, ses aspirations incomprises, ses tortures morales, le pur bonheur rêvé sali par la réalité, comme une étoile chérie dont un nuage nous voile la lumière; car elle était prudente. Elle était d'ailleurs suffisamment lettrée et très à même d'apprécier la prose et la poésie courantes, éprises, comme on sait, de la tristesse et d'une phraséologie précieusement emphatique, à laquelle la postérité reconnaîtra ce siècle.

Pierre n'était pas un sot, c'était un sauvage. Il étudia madame Brunet, et crut trouver en elle les qualités qu'il cherchait : la simplicité des goûts, l'indifférence pour le luxe, un cœur tendre. Si la nouveauté du langage qu'il entendait ne contribua pas à le séduire, au moins ne détruisit-elle pas l'effet produit sur lui par la beauté de la femme. Un jour que les confidences avaient pris un caractère d'intimité poussé jusqu'à la tendresse, Pierre serra entre ses mains la main de madame Brunet, et lui dit, en homme qui n'avait jamais lu de romans : « Si je vous aimais? »

Elle tressaillit, plongea dans ses yeux un regard sérieux, et répondit : « Que me demandez-vous là? Cette parole me peine; je ne voudrais pas affliger un cœur loyal, et je crains de perdre un ami. Je vous dois la vérité cependant. Vous ne trouveriez en moi rien de ce que vous attendez ou de ce que vous cherchez. Vivante et belle encore, c'est vous qui le dites, je suis morte à ce monde. J'ai épuisé la coupe des douleurs jusqu'à la lie; je ne sens plus vibrer en moi qu'une corde, celle de l'amitié. Soyez mon ami, mon frère! »

Pierre se récria; il était amoureux.

« Mon ami, continua madame Brunet avec tristesse, je ne veux pas vous tromper. J'ai trop souffert pour vouloir souffrir encore. Excusez la crudité des termes : que feriez-vous d'un cadavre entre vos bras? »

Pierre tenta de prouver qu'il avait en lui le don de ressusciter; il fut repoussé sans violence, sans colère, mais avec fermeté. Vaincu, il accepta l'amitié.

« Oh! quelle bonne vie nous allons passer! s'écria madame Brunet toute joyeuse. Au lieu d'un bonheur orageux et troublé, une union calme, digne, paisible. Pas une de nos joies qui ne soit en commun, pas une larme de l'un que l'autre n'essuie; car, mon ami, c'est encore une douce chose que la souffrance partagée. N'est-ce pas?

— Oui, dit Pierre d'un air piteux.

— Vous me promettez de m'aimer ainsi?

— Je le jure.

— Oh! merci, merci! Savez-vous que votre cœur est fait pour comprendre le mien?

— Ah ! madame ; dit Pierre pris d'une recrudescence, voilà la plus douce caresse que vous puissiez me faire.

— Une caresse de l'âme, les seules qu'il faille attendre de moi. »

Pierre s'était mis à l'unisson de la femme qu'il aimait. Les conversations alambiquées durèrent ce qu'elles pouvaient durer. Elles n'étaient pas gaies ; aussi après s'être un soir endormis dans l'idéal, les deux métaphysiciens s'éveillèrent en pleine réalité, madame Brunet en camisole de nuit, M. Solis faisant sa barbe à la fenêtre du cabinet de toilette.

CHAPITRE VINGT-SIXIÈME.

Comment Pierre s'endormit...

Faire votre barbe dans le cabinet de toilette d'une femme, c'est comme si vous lui donniez de vos cheveux; vous êtes lié. Pierre l'éprouva. Ce qui n'avait d'abord été pour lui qu'une distraction devint une habitude. L'appartement qu'il occupait n'était plus qu'un pied à terre; il y passait à peine deux ou trois de cés heures dont parle Montaigne, où l'homme a besoin de se recueillir en lui-même, et que troublerait la présence de la femme même aimée. Ces courts moments exceptés, son temps était à madame Brunet.

Griffe passait quelquefois la soirée avec eux. On profitait de sa présence pour jouer aux cartes, qu'il maniait avec dextérité de ses doigts visqueux et plats comme la tête d'un reptile. Malgré sa réserve habituelle, il lui arrivait de s'oublier quand son regard s'arrêtait sur madame Brunet. Ses yeux vitreux brillaient alors d'un feu sombre comme en allume l'amour ou la haine. Pierre le remarqua. Il dit un jour à sa maîtresse : « Est-ce que Griffe ne vous aurait pas aimée?

— Peut-être bien, répondit-elle, si j'avais voulu m'en apercevoir. Je ne sais pourquoi il m'effraie; cependant je lui ai les plus grandes obligations. Il s'est chargé avec désintéressement du soin de mes affaires; je lui ai confié de l'argent, et, grâce à l'emploi intelligent qu'il en a fait, je jouis d'une petite aisance; mais...

— Mais? dit Pierre.

— Laissons cela.

— Pourquoi ne pas être franche?

— Eh bien, puisque vous voulez le savoir, il exigeait de ses services un prix que je ne pouvais ni ne voulais y mettre.

« — Voilà qui est singulier, dit Pierre en réfléchissant. C'est pourtant lui qui nous a fait connaître l'un à l'autre et a facilité notre liaison. Quel calcul peut-il y avoir là-dessous?

« — Qui sait, répondit madame Brunet, tout ce qui passe par la tête d'un spéculateur? Qu'importe, puisqu'il me fait horreur et que je vous aime? »

En parlant ainsi, elle était sincère. Il y a dans cette race féminine vivant en dehors de la loi sociale des variétés qui défieraient l'analyse du plus minutieux naturaliste, et qui ne méritent pas toutes au même degré l'anathème dont les a frappées la littérature moderne. On trouve en effet parmi ces pécheresses de bonnes natures, bien folles et bien désintéressées; mais ne les cherchez pas sur les coussins de soie ou sur les meubles de palissandre, vous n'y trouveriez que les banquiers de la corporation. Des autres, il en est, je l'affirme pour les avoir vues en spectateur froid et en juge équitable. Comme les rares nageurs du poëte, elles surgissent au

milieu du gouffre, non pas dolentes et senti-
mentales, mais gaies, insouciantes, frivoles, sou-
pant chez Bonvalet ou croquant leur pain sec
avec un égal appétit, selon qu'elles ont mis la
main sur un amour riche ou sur un amour pauvre. Loyales, et infidèles par égarement de conscience, trompées et trompant, ou plutôt se
trompant, mais délicates, elles courent par les
plus rudes sentiers après l'insaisissable idéal
avec une foi, une persévérance, un héroïsme
qui font plaisir à voir.

Quelques-unes sont des anges déchus. Soit
qu'une véritable incompatibilité d'humeur les ait
éloignées du toit conjugal, soit que, poussées
par le souffle du siècle, il faille voir en elles,
victimes dévouées, les précurseurs d'un état so-
cial futur, désiré des uns, redouté des autres,
pressenti par tous, elles expient chèrement
leurs velléités d'indépendance. A peine libres,
effrayées de leur isolement, blessées par la
familiarité choquante des hommes, elles as-
pirent à reprendre, sinon leurs chaînes, du

moins la considération perdue ; mais il semble qu'en secouant le joug elles emportent avec elles le châtiment de leur révolte, comme si la société outragée les marquait d'un sceau vengeur. Bien que les plus habiles s'étudient à imiter les femmes de ce monde, dont elles ont quelquefois fait partie, elles se révèlent à l'œil exercé du Parisien par un détail imperceptible de la toilette, par la démarche, par le regard trop caressant ou trop sévère, jamais calme et indifférent. C'est ainsi que les marins reconnaissent la nationalité d'un navire à la coupe de sa coque ou à sa voilure. Elles éprouvent alors que les femmes ne se déplacent pas avec impunité. Sorties de leur position, elles n'y rentrent jamais complétement, semblables à ces terres excavées dont l'air a désagrégé les molécules, et qui, augmentant de volume sans addition de matière, refoulées dans leur trou, n'y peuvent plus tenir et font saillie au dehors. Ce phénomène s'appelle le foisonnement.

Pierre était donc pour madame Brunet une

ancre de salut; elle s'y accrocha. La fidélité, le dévouement, l'indulgence, toutes les vertus conjugales qu'elle n'avait pas su pratiquer dans le mariage, elle les retrouva pour une union illégitime et précaire. Elle était du petit nombre de celles que touche le repentir. Pierre ne s'était livré qu'avec une certaine réserve. Les histoires d'hommes ruinés par les femmes servent aujourd'hui d'épouvantail aux adolescents, comme les contes d'ogres et de vampires ont endormi jadis l'enfance effrayée et charmée. Quand il se crut bien sûr de la femme qu'il aimait, il passa de la méfiance au plus complet abandon. Il eût résisté à l'exigence, on obtint de lui par la modération plus qu'on n'aurait osé demander. La crainte d'être pris pour dupes arrête les hommes dans leurs plus grands élans de générosité; la suprême habileté doit consister à faire glisser leur amour-propre sur une pente douce. Je dois dire, à l'honneur de madame Brunet, qu'elle fut habile sans y tâcher. Elle se laissa faire.

Son modeste appartement devint un petit mu=

sée : des meubles rares, des tableaux, des sta-
tuettes, des vases de Chine, des pots de faïence
italienne, pour lesquels Pierre avait un goût
particulier, reposaient sur de riches tapis, couvraient les murs, encombraient les étagères.
Avec le luxe, il faut les formes de la vie élé-
gante; Pierre s'y plia vite. Quand il avait paré
son idole de bijoux, il détachait un feuillet de
son calepin, y inscrivait la somme à payer avec
son adresse, jetait négligemment ce chiffon de
papier sur le comptoir du marchand, et rega-
gnait sa voiture accompagné de saluts d'autant
plus profonds qu'il s'était montré plus cavalier;
car il avait une calèche que deux chevaux anglais emportaient de leur plus leste allure, et
pour valet de pied un nègre abyssin chassé d'une
bonne maison, parce que la maîtresse, obsédée
par le continuel aspect de ce nébuleux visage,
avait fait un enfant noir.

CHAPITRE VINGT-SEPTIÈME.

. . . . . Et comment il se réveilla.

C'était une ivresse de tous les moments. « J'ai trouvé dans cette femme, disait monsieur Solis, la pierre philosophale. Quel dommage qu'elle ne soit pas libre! je l'épouserais demain. Mais nous apprendrons un jour que le mari a été mangé par un caïman ou tué par la fièvre jaune, et je réparerai les torts de la fortune envers ce cœur d'or. »

Il s'était endormi dans ces riantes idées, et rêvait sur les quatre heures du matin que sa femme bien-aimée lui donnait un fils, lorsqu'on sonna à la porte avec autorité.

« Monsieur, dit la femme de chambre effrayée, trois hommes sont là qui veulent vous parler!

— Qu'ils aillent au diable! s'écria Pierre.

Est-ce une heure convenable pour se présenter chez les gens?

— Mais c'est que l'un d'eux a une écharpe et se dit commissaire de police. »

Pierre ne fit qu'un bond du lit sur le tapis. La scène des bords de l'Adour lui revint à la mémoire; mais la fuite était impossible.

— C'est bien, dit-il en affectant plus de calme qu'il n'en avait, je recevrai ces messieurs dès que je serai habillé.

— C'est inutile, répondit le commissaire en poussant la porte de la chambre, moins vous serez habillé et mieux cela vaudra pour l'affaire qui nous amène. En deux mots, monsieur, pour calmer vos inquiétudes, il s'agit tout simplement de constater un délit d'adultère. Madame, continua-t-il en s'adressant à madame Brunet pelotonnée sous les couvertures comme un chat dans la cendre, veuillez bien nous montrer votre visage, afin de vérifier l'identité. C'est bien cela? » demanda-t-il à un personnage muet, qui fit un signe de tête affirmatif.

Les meubles furent fouillés, la correspondance saisie, et le commissaire engagea madame Brunet à se remettre, à s'habiller et à prendre tout son temps, ajoutant poliment qu'il était à ses ordres.

Une heure après, deux voitures emportaient séparément monsieur Solis et la dame éplorée.

Quand on communiqua à Pierre les pièces de la procédure, il resta stupéfait en voyant le rôle que Griffe avait joué dans cette affaire. Il figurait au premier rang des témoins, et avait fourni à la justice ses plus précieux renseignements. « Le misérable, dit Pierre, nous a vendus comme des valeurs cotées à la Bourse. »

Le jour fatal était arrivé, les coupables allaient comparaître devant le tribunal. Madame Brunet ressentait vivement la honte de cette exhibition. Mais enfin il fallait se montrer en public; elle était femme, elle choisit sa plus *ravissante* toilette. Ce n'était qu'une robe noire; mais quel goût dans la coupe et dans les accessoires! Un collier de jais à gros grains ceignait son cou éblouissant de blancheur; on devinait sous la

dentelle une gorge et des épaules qu'eût enviées
la Vénus de Milo; un voile épais cachait des
cheveux bruns, abondants, un peu rebelles par
leur exubérance même, et amortissait le feu de
deux yeux noirs pleins de douceur et de passion.
Quand sur l'invitation du président elle leva ce
voile, un murmure d'admiration courut dans
l'auditoire. Tant que durèrent les plaidoiries,
elle fut coquetée par le barreau et austèrement
lorgnée par les juges. L'avocat du mari, un bel
esprit, accabla le pauvre Pierre de railleries.
La correspondance saisie chez sa maîtresse, et
dans laquelle il se livrait avec l'ingénuité d'un
enfant, servit de texte à l'avocat, qui fut insolent de toute l'assurance d'un homme que la loi
protége. Il fut pathétique aussi quand il peignit
ce mari outragé, planteur à la Louisiane, traversant les mers pour venger son honneur. Il
parla avec tant d'éloquence de la sainteté du
mariage, que pas un auditeur, pas un avocat,
pas un juge ne sourit à ce mot.

Le tribunal condamna madame Brunet à trois

mois d'emprisonnement, Pierre Solis à un mois de la même peine et, par corps, à trente mille francs de dommages-intérêts.

« Mon ami, dit Pierre au guichetier ébahi qui l'enfermait, on peut supporter les hommes quand ils agissent, la passion qui les pousse expliquant, si elle ne l'atténue pas, la contradiction dans les actes ; mais dès qu'ils parlent, la conscience se révolte. Qui me délivrera de ces paillasses sérieux ?

— Bah ! monsieur, répondit le guichetier se méprenant sur le vœu de son prisonnier, un mois est bientôt passé ; vous êtes riche, vous vous donnerez du bon temps ici. »

Madame Brunet, en quittant Saint-Lazare, retomba sans doute dans le tourbillon de la vie libre, comme un atome détaché d'un corps se perd dans le mouvement universel. Quant au mari, de retour à la Louisiane, après avoir passé gaiement un mois à Paris, payé son avocat et fait la part de Griffe, de l'argent qui lui restait il acheta une jeune négresse.

17.

Si ce livre a des lecteurs, je les prie de chercher la doctrine qui se cache sous le voile des
paroles étranges [1].

[1]   O voi ch'avete gl'intelletti sani,
         Mirate la dottrina che s'asconde
         Sotto 'l velame degli versi strani.

DANTE, *Inf.*, cant. IX.

CHAPITRE VINGT-HUITIÈME.

Où l'on applique la loi du talion.

Pierre venait de sortir de prison après avoir subi la douloureuse saignée faite à sa bourse; il remontait le boulevard du côté de la Bastille. Le gaz étincelait dans les rues, toutes les misères étaient dehors. Il maudissait son étoile, ses folles passions, la lâche cupidité des hommes; il maudissait les femmes, quand une pauvre et belle créature l'aborda le sourire sur les lèvres.

« Va-t'en au diable ! » s'écria-t-il avec un geste de fureur.

La malheureuse épouvantée se réfugia contre une porte cochère. Pierre eut honte de sa cruauté. Il s'approcha de la femme encore immobile à la même place, lui mit de l'argent dans la main et continua sa promenade.

« Ai-je été assez lâche! se disait-il. Humbles et pauvres femmes, dégradées il est vrai, mais créatures de Dieu, qui sait s'il ne vous tiendra pas compte de vos souffrances? si, ayant fait du seul vrai bien de ce monde le supplice de votre vie, il ne vous accordera pas l'éternel repos que votre honte même a mérité? Sa justice portera plus haut; elle vous frappera, femmes orgueilleuses, qui, assurées du pain de chaque jour, considérées et coupables, écrasez d'un regard dédaigneux vos semblables tombées dans la lutte. Tandis que pesées au poid de vos honteux calculs vous plongerez dans l'abîme, qui sait si la plus dégradée ne prendra pas la main de l'Époux céleste! Celle-là du moins ne trompe personne, elle est bien et dûment patentée.

» Quel piége infernal, ajouta-t-il faisant un brusque retour sur sa position, quel piége infernal nous tend la loi! Des femmes se laissent séduire ou vous séduisent, car en bonne conscience l'un arrive aussi souvent que l'autre, rien ne dénote à vos yeux l'existence d'un mari; il se promène. Fort de l'indulgence dont use la loi pour les femmes libres, vous vous livrez en toute sécurité. Vous vous endormez paisiblement dans votre lit, et vous vous réveillez sur les bancs de la police correctionnelle. Au nom de la justice, messieurs, donnez aux femmes vraiment mariées un costume auquel on les puisse reconnaître; suspendez au cou des veuves l'enseigne significative des Romains; dites-nous enfin qui l'on peut prendre et qui il faut respecter, ou vous nous trompez sur la qualité de la marchandise. »

Il parlait ainsi avec une pantomime qui aurait fort amusé les passants, si, à ce moment et à cette hauteur, le boulevard n'eût été à peu près désert. Comme il marchait au hasard, la tête basse, en aveugle quoique les yeux ouverts, il faillit heurter un homme : il releva la tête pour s'excuser, et se trouva en face de Griffe. La pensée ne jaillit pas plus vite du cerveau que sa main large, ouverte, ne tomba sur la joue du délateur. Le drôle rougit pour la première fois de sa vie, recula d'un pas, saisit par le milieu sa canne à pomme de plomb, qui s'abattit sur la tête de Pierre comme un marteau d'enclume.

Or, à cinq ou six pas en avant d'eux, rentrait au Marais un bourgeois qui venait de faire sa promenade digestive : cinquante-six ans, corpulence majestueuse, profil napoléonien abêti. On n'a pas assez remarqué l'influence des races régnantes sur la génération. Quand elles sont consacrées par le temps ou illustrées par la gloire, le prestige qui les entoure frappe l'imagination des peuples. Dans l'acte essentiel qui constitue la vie, ce type, gravé dans la tête des femmes par l'attrait qui les porte vers les choses haut placées, dans celle des hommes par la contemplation assidue des pièces de monnaie, les inspire à leur insu et se reproduit dans les enfants qu'ils procréent. C'est bien en ce sens qu'on peut dire que le monarque est le père de ses sujets. Regardez les pastels de Latour et les portraits

d'hommes et de femmes inconnus du dix-hui-
tième siècle, vous y trouverez le type bourbo-
nien plus ou moins modifié. Il est impossible
que l'empereur Napoléon Ier soit le père réel de
tous ceux qui lui ressemblent. On ne saurait
croire combien l'effigie de la force empreinte
sur les écus de la première république a donné
de lourdauds à la France. Depuis que la gloire
du grand empereur incline vers l'oubli, le type
national s'est singulièrement diversifié. Le chien,
le coq, le bœuf, le mouton, voire même le loup,
peuvent revendiquer l'honneur d'avoir fait un
peuple à leur image.

Le bourgeois donc allait du pas d'un mortel
content de lui-même, et de ses rentes, et de son
honnête famille, bien affermi sur la considération des gens de son quartier, qui par deux fois,
d'un choix libre et spontané, lui avaient décerné
les honneurs d'un grade dans la garde civique. Il
expliquait à madame son épouse comme quoi le
cheval de François Ier, qu'on voyait alors dans la
cour du Louvre, n'était d'aucune race : « Nous

connaissons, disait-il, les chevaux du Mecklem-
bourg, les arabes, les anglais, les normands,
les percherons ; la race limousine est malheureusement éteinte... Ce fut par une fatale erreur
du gouvernement qui précéda la glorieuse révolution de 1830, gouvernement d'ailleurs honnête, je me plais à le proclamer aujourd'hui,
quoiqu'il n'ait pas eu de plus grand adversaire
que moi. Mais ce n'est pas en France, dans ce
pays de générosité, qu'on dira jamais : malheur
aux vaincus ! Si l'ambitieuse Rome mit jadis en
honneur cette odieuse maxime... »

Le cri poussé par Pierre en tombant sur le
trottoir coupa court à cette juste et savante cita-
tion, et ce fut dommage. Le bourgeois, qui
n'avait pas été témoin de l'agression, voyant un
homme étendu sans connaissance et son adversaire la canne encore levée, apostropha vivement Griffe.

« Monsieur, s'écria-t-il, votre conduite est
infâme.

— De quoi vous mêlez-vous ?

« — De quoi je me mêle, monsieur! quoi! au dix - neuvième siècle, en pleine civilisation, frapper un citoyen sur le pavé de la capitale! Sommes-nous donc des barbares?

— Silence! vieille bête!

— Insensé! répondit le bourgeois avec une juste indignation, rendez grâce à la Providence de ce que je tiens mon épouse sous mon bras; sans cela... je vous ferais saisir par un sergent de ville! »

Il ne s'en trouvait pas là, quoiqu'il y en ait partout. Griffe profita de la circonstance pour s'esquiver, tandis que Pierre, qui était revenu à lui avec l'aide du bourgeois et de quelques passants attirés de l'autre côté du boulevard par les cris de la dame, était conduit dans la boutique d'un pharmacien, et de là ramené chez lui en voiture.

CHAPITRE VINGT-NEUVIÈME.

Comment une brillante intelligence peut s'obscurcir.

Germain, accouru à la nouvelle de l'accident arrivé à son ami, voulut envoyer chercher un médecin. Pierre s'y refusa avec obstination; mais madame Germain s'établit d'autorité chez lui, et le veilla comme elle aurait fait d'un frère ou d'un fils.

Le malade se rétablit plus promptement qu'on ne l'aurait cru. Sans souffrir précisément, il éprouvait dans la tête un trouble fatigant; on eût dit qu'une vessie pleine d'eau ballottait dans la boîte osseuse. Il était levé depuis huit jours, sortait, vaquait à toutes les occupations et à toutes les nécessités de la vie, sans que rien fît prévoir des suites graves à son accident, lorsqu'un soir, prenant le thé chez Germain, il lui dit tout à coup : « Rappelez-vous la parole de l'Évangile : Malheur à qui vit seul ! Mariez-vous. »

On vit là d'abord une plaisanterie, une allusion à sa mésaventure ; mais il continua avec l'effrayant sérieux des fous : « Voilà la femme qu'il vous faut ; c'est un ange de douceur et de patience, je n'oublierai jamais les soins qu'elle m'a donnés.

— Mon ami, dit Germain, si c'est une plaisanterie, elle est cruelle, et vous nous affligez : Allons, Pierre, vous ne pouvez avoir oublié que nous sommes mariés.

— Vraiment? répondit Pierre, c'est fâcheux. Vous vous êtes trop pressés, vous étiez faits l'un pour l'autre ; mais il n'y a plus de remède. »

Pierre ne déraisonnait pas, il raisonnait hors de propos. La mémoire lui manquait parfois complétement. Son esprit retrouvait sa lucidité par intervalles, pour retomber bientôt dans les plus étranges et, si j'osais le dire, les plus comiques aberrations. La folie ou l'idiotisme semblaient devoir être le résultat de ce dérangement intellectuel. A force d'instances et de supplications, Germain et sa femme le décidèrent à aller consulter un médecin. Il s'y résigna, non sans un peu d'appréhension à l'idée d'aborder une des sommités de l'art médical : ce sont les termes consacrés. Il savait ce que lui avait coûté Killer.

CHAPITRE TRENTIÈME.

Que l'esprit souffle où il lui plaît.

———

Qui pourrait nier que l'homme soit fait à l'image de Dieu? Le premier soin de quiconque s'élève est de se rendre inaccessible. Essayez d'arriver jusqu'à un banquier enfermé dans son cabinet ou de pénétrer dans le sanctuaire d'un éditeur!... Si on entre facilement chez les grands médecins, c'est qu'on n'en sort jamais sans laisser quelque chose sur la table.

Celui auquel Pierre fut adressé était un physiologiste célèbre. Ce savant homme, gai et causeur, l'écouta en souriant.

« Vous n'avez reçu qu'un coup de bâton? lui dit-il.

— Un seul.

18.

— Tant pis; mieux eût valu en recevoir deux, pourvu que ce ne fût pas du même côté, ou un seul qui aurait été assez fort. »

Comme le malade ouvrait de grands yeux, il ajouta : « Le corps humain est divisé en deux parties, pour ainsi dire cousues ensemble. Les traces de cette suture se reconnaissent à la vue et au toucher; c'est la ligne médiane. Si elle n'existe pas partout sur la peau, la nature a du moins placé des points saillants qui sont comme les jalons destinés à en indiquer le parcours.... Elle sépare les deux yeux, les deux narines, glisse dans la rainure du nez, du milieu des lèvres; elle est visible sur la langue, qu'elle divise en deux portions symétriques, et, après s'être un moment perdue, se reforme à l'ombi-lic comme à un point de repère. »

Il mena Pierre à une démonstration complète de la ligne médiane par des chemins à travers lesquels je n'oserais conduire le lecteur.

Le docteur reprit : « Voici maintenant ce qui arrive : tous les organes servant à la vie animale

sont doubles et divisés par la ligne médiane;
leur symétrie est remarquable. Les fonctions ne
sont régulières qu'autant que chaque partie,
solidaire de l'autre, a la même intensité d'action
et de sensation, le même volume. Si l'une des
parties a plus de puissance que l'autre, l'équilibre est détruit, la sensation incomplète et la
perception confuse. Que l'une, au contraire,
soit privée de toute sensibilité, l'autre profite de
ce que la première a perdu : c'est ainsi qu'un
borgne y voit mieux de l'œil qui lui reste. Vous
comprenez maintenant la théorie de votre maladie : l'un des hémisphères du cerveau ayant
perdu de sa sensibilité tandis que l'autre a conservé la sienne tout entière, l'équilibre est détruit, et bien que les organes qui transmettent
la sensation au cerveau la transmettent complète,
la perception est confuse.... De là votre manque
de mémoire. Eh bien, il y a deux partis à
prendre : détruire toute sensibilité dans l'hémisphère malade ou affaiblir l'hémisphère sain de
manière à rétablir l'équilibre. Dans le premier

cas, vous n'aurez qu'un organe incomplet, ce qui est toujours désagréable; dans le second, vous le conserverez entier, mais affaibli. Choisissez. »

A cette aimable proposition, Pierre glissa sur la table deux pièces de cinq francs, que de nombreuses compagnes rangées en bon ordre semblaient attendre et provoquer, et il prit la fuite.

Sur le conseil de Germain, il alla trouver un autre médecin non moins célèbre que le premier. Autant son confrère avait d'enjouement, autant celui-ci avait de gravité. Pierre, qui se trouvait dans un de ses moments lucides, lui expliqua tant bien que mal les causes auxquelles le physiologiste avait attribué sa maladie.

« Cette théorie, dit le nouveau docteur, repose sur une base fausse, la distinction de la vie en vie animale et organique, laquelle ne tend à rien moins qu'à détruire le dogme de la dualité humaine et à ravaler l'homme au niveau de la brute. Il y a la vie spirituelle, dont ces messieurs se gardent bien de dire un mot. Ce système n'est pas plus heureux dans les observations de détail : les deux hémisphères du cerveau, qu'il veut toujours égaux, sont presque constamment inégaux, sans que la perception soit moins nette, et leurs opérations, loin d'être simultanées, sont alternatives. Chacun est disposé de manière à pouvoir fonctionner seul. Ce système, œuvre d'un homme de génie, a été, comme j'ai eu l'honneur de vous le dire, critiqué sur tous les points.

— Qu'en reste-t-il donc? demanda Pierre.

— L'ensemble.

— Ah!... Et cependant l'auteur, dites-vous, est un homme de génie?

— Assurément, répondit le docteur avec un sérieux plein de malice; mais revenons à votre affaire. La perturbation intellectuelle dont vous vous plaignez ayant, selon toute apparence, sa cause première dans le coup que vous avez reçu, n'est pas le résultat d'une perception moins nette. L'hémisphère cérébral malade ne pouvant suppléer l'autre dans ses fonctions, celui-ci se

trouve fatigué. Il faudra l'exercer longtemps,
peu à peu, avec prudence. Pas de lectures, pas
de préoccupations, de soucis, n'ayez que des
idées gaies, et revenez me voir dans huit jours.
Ce sera long, mais le moyen est sûr. »

Pierre se retira charmé de la mansuétude de
ce médecin qui lui faisait grâce du bâton. Il se
coucha rassuré, eut pendant la nuit ce que dans
les rhumes de cerveau les bonnes femmes appellent un *débord*, et s'éveilla avec les idées nettes
et la mémoire fraîche. L'intelligence, qui avait
déserté sa tête, se plut à l'habiter de nouveau.
Fut-ce physiologiquement ou psychologique-
ment, il ne s'en inquiéta guère. Ce sont, pensa-
t-il, toujours les mêmes hommes, hardis dans les
livres, impuissants devant la nature. Si Molière
revenait, il pourrait recommencer sa croisade.
Ils n'ont fait que changer de peau : ils ne parlent plus latin.

CHAPITRE TRENTE ET UNIÈME.

Ce que peut coûter une économie.

Tant qu'avait duré sa liaison avec madame Brunet, Pierre n'avait pas calculé; il puisait dans sa bourse comme à une source intarissable. Quel homme attelé à un pareil véhicule n'a connu ces entraînements? L'heure de compter était venue, il s'assit devant sa table en frémissant. Le résultat fut désastreux. De tout l'or rapporté de la Californie, il lui restait avec son mobilier cent cinquante mille francs en valeurs négociables à la Bourse. Selon sa coutume, il prit vite son parti. La misère, qu'il connaissait, l'effrayait. Plus artiste que spéculateur, il se sentait incapable de refaire sa fortune, il jura d'en conserver les débris. Il loua un modeste appartement, congédia ses domestiques, vendit ses chevaux, sa voiture, la plus grande partie de ses meubles, ne conserva que les objets d'art auxquels il tenait, et, pour que la réforme fût complète, il se mit au régime. « Je dinerai à quarante sous, dit-il. Je connais des gens qui se portent bien, et n'ont pas d'autre ordinaire. Pas de fausse honte. J'ai été portefaix à New-York, pourquoi serais-je grand seigneur à Paris? »

Six heures sonnaient, il se dirigea vers un de ces modestes établissements que les parvenus calomnient. Au moment où il mettait la main sur le bouton de la porte, il avisa une de ses connaissances, le marquis de Capdenac, fils d'un chapelier; il hésita lâchement.

« Où alliez-vous donc? dit le marquis en l'abordant. Est-ce que vous entriez dans cette officine?

— Oui, répondit Pierre qui avait repris courage, et c'est dans cette officine que désormais je compte dîner tous les jours.

— Par goût? demanda le marquis en riant.

— Par nécessité. »

Monsieur de Capdenac devint sérieux.

« C'est là, dit-il, un motif respectable. Tout homme qui a vécu à Paris peut et doit savoir l'apprécier; mais, mon cher, vous vous fourvoyez. Vous cherchez l'économie? Eh bien, pour trente-cinq sous je veux vous faire faire un dîner princier. Il s'agit de connaître les bons endroits. Venez; c'est une table d'hôte tenue par madame de Saint-Hyacinthe. Excellente maison. »

Pierre suivait son compagnon en victime résignée. Ils sonnèrent au premier étage d'une maison de belle apparence, et les deux battants d'une porte s'ouvrirent devant eux. Un domestique en livrée, au visage impassible, introduisit M. Solis et M. le marquis de Capdenac.

Dans le salon, où vingt personnes, hommes et femmes, se trouvaient réunies, la conversation paraissait animée; mais à la vue d'un étranger, un air de gravité, de contrainte même se peignit sur les traits des habitués.

« Madame, dit M. de Capdenac à madame

de Saint-Hyacinthe, qui s'était levée pour recevoir le nouveau venu, permettez-moi de vous présenter M. Solis, mon ami, un galant homme. »

Madame de Saint-Hyacinthe adressa à Pierre quelques paroles aimables, le fit asseoir près d'elle, et entama une conversation dont le but évident était de le mettre à l'aise ; mais tout en causant, elle l'examinait avec tant de curiosité que son embarras redoubla. Il se sentit soulagé quand on annonça que le dîner était servi.

Pierre avait beau chercher dans ses souvenirs, rien ne lui rappelait madame de Saint-Hyacinthe. A la vérité, cette femme avait conservé bien peu de chose de son premier visage ; une énorme cicatrice défigurait ses traits ; ses yeux seuls, comme par miracle, avaient échappé à la destruction. Les autres femmes, en revanche, étaient presque toutes jeunes et jolies. Quant aux hommes, il y en avait de tout âge, depuis soixante jusqu'à vingt ans.

Pierre eut la place d'honneur à côté de la maîtresse de la maison ; en face de lui une charmante femme reposait agréablement ses regards, auxquels elle ne paraissait pas insensible; à sa droite enfin se trouvait un homme déjà mûr, d'assez bonnes manières, mais qu'aux premiers mots qu'il prononça, Pierre reconnut pour un plaisant de profession. Les convives l'appelaient monsieur le vicomte. « M. de Capdenac s'est moqué de moi, pensa Pierre en voyant l'abondance des mets et la régularité du service : je n'oserai jamais donner trente-cinq sous pour un pareil dîner. »

La conversation étant devenue générale et un peu bruyante, Pierre causa avec son voisin, qui paraissait disposé à donner des détails biographiques sur les convives.

« Il y a, dit-il, à votre droite une belle personne, cette blonde à l'air mélancolique.

— Ah! oui, répondit le vicomte, une Niobé! La pauvre enfant aurait bien besoin de consolation. Elle vient de perdre un homme dont elle était folle.

— Mort?

— Non.

— Infidèle, peut-être?

— Il l'adore.

— Absent alors?

— Oui; à Toulon ou à Brest, à moins que ce ne soit à Rochefort. »

Diable! se dit Pierre, me voilà en bonne compagnie. « Et, continua-t-il en profitant de l'humeur causeuse de son voisin, quel est ce monsieur au bout de la table qui mange si bien et parle si peu?

— Vous ne le connaissez pas? c'est monsieur Miel, le mari de la Saint-Hyacinthe. »

De mieux en mieux, pensa Pierre.

On en était au café. Un compotier contenant des pêches à l'eau-de-vie parut produire sur le vicomte l'effet de la tête de Méduse. Il pâlit, recula vivement sa chaise en criant : « Emportez ces fruits. Quelle horreur!

— Qu'est-ce donc? demanda-t-on de toutes parts.

— Faites emporter ces fruits, vous dis-je, ou je quitte la table.

— Je vois, dit madame de Saint-Hyacinthe, que ces pêches vous rappellent une aventure extraordinaire qui vous sera arrivée. Vous n'avez pas été aimable ce soir, vous vous êtes consacré tout entier à votre voisin. Je le comprends, sa conversation est aussi spirituelle qu'instructive; c'est là votre excuse. Mais réparez vos torts envers ces dames en leur racontant cette histoire.

— Je ne saurais, dit le vicomte comme s'il allait tomber en défaillance.

— Nous vous en prions toutes, chanta un petit concert de voix féminines; voyons, ne gonflez pas ainsi vos narines, soyez gentil.

— Allons!... s'écria le vicomte avec effort, il le faut! Y a-t-il ici, ajouta-t-il d'un air de sollicitude, des femmes grosses?

— Jamais! » répondit étourdiment une voix.

Le vicomte raconta une histoire déjà vieille, m'a-t-on dit, il y a cinquante ans; il eut donc

un plein succès. On passa dans le salon, où
une des jeunes femmes proposa une bouillotte à
deux sous la fiche. Que dirais-je que tout le
monde ne sache? On en vint de la bouillotte au
lansquenet, des gros sous aux billets de banque.
Quand Pierre se leva pour partir, il était plus
léger de mille francs, dont sept cents sur parole.

« Nous aurons le plaisir de vous revoir, dit
madame de Saint-Hyacinthe comme il prenait
congé d'elle, n'est-ce pas, monsieur... monsieur?

— Solis, madame.

— Oui, répondit-elle en baissant la voix,
pour les autres; mais, pour moi, Pierre Mendea. »

L'effet qu'elle produisit dépassa son attente.
Pierre devint livide. Un voile sembla tomber de
ses yeux, et il reconnut Catherine, la première
femme qu'il eût aimée. Madame de Saint-Hyacinthe, il faut lui conserver le nom qu'elle se
donnait, ne parut pas d'abord se rendre compte
de ce trouble étrange; mais, en femme habile à
profiter des circonstances, elle réprima un mou-

vement de surprise et continua, les yeux fixés
sur ceux de Pierre : « Je suis Catherine, la femme
que vous avez aimée et pour laquelle vous avez…

— Malheureuse! dit-il en lui serrant le bras,
ne parlez jamais de cette horrible aventure,
vous qui en avez été la cause.

— Je vous promets le secret, dit madame de
Saint-Hyacinthe; mais il faut que je vous voie
demain, à deux heures.

— Soit, répondit Pierre, il vaut mieux s'entendre; j'aime les positions nettes. »

CHAPITRE TRENTE-DEUXIÈME.

B. P. F. 50,000.

« Quelle singulière rencontre ! disait madame de Saint-Hyacinthe. Deux amoureux, deux paysans, se retrouvant après un intervalle de tant d'années, l'un riche Californien, l'autre présidant une table d'hôte, celui-là cachant un secret où il y va de la vie, celle-ci maîtresse du secret, l'homme ayant besoin de la femme et la femme de l'homme, voilà une situation pressante. Et l'on dira que ce siècle est prosaïque !

— Où voulez-vous en venir ? dit sèchement Pierre. Pas de phrases de théâtre.

— Avant de m'expliquer, continua madame

'de Saint-Hyacinthe, il est bon de provoquer votre confiance en vous racontant mon histoire. »

HISTOIRE DE CATHERINE.

Elle commença en regardant attentivement Pierre : « Après cette malheureuse rencontre dans les prairies de l'Adour, où vous tuâtes....

— Passez, dit Pierre en pâlissant.

La Saint-Hyacinthe continua : Je me décidai à aller à Bayonne faire mon apprentissage de modiste. J'étais recherchée de tous les jeunes gens de la ville, sans que la position qu'ils m'offraient me tentât. Bayonne me semblait un bien petit théâtre pour moi. Enfin je crus avoir trouvé l'homme de mes rêves. C'était un commis voyageur, blond, joli garçon, amusant, qui changeait d'habit trois fois par jour. Bref, il avait tout ce qui peut séduire une pauvre fille. Il passait des heures entières dans notre magasin, où il nous contait des histoires à mourir de rire. Il s'y prit si bien que je lui cédai.

En faisant sa tournée dans le Midi, il s'arrangeait de manière à passer souvent par Bayonne, car j'en étais vraiment folle. Nous décidâmes que j'irais à Paris, sa résidence habituelle, et que là nous vivrions comme mari et femme. Il devait s'y rendre deux mois après son départ de Bayonne; il me laissa son adresse, et me promit de m'écrire dès que ses affaires seraient terminées. Je reçus bien plus tôt que je ne l'attendais une lettre que je veux vous lire.

— C'est inutile, dit Pierre.

— C'est nécessaire, répondit la Saint-Hyacinthe. Quand vous saurez tout, vous serez libre de me juger.

« Lyon, le...

» Votre trop sensible voyageur dépose à vos
» jolis pieds son amour et sa boîte d'échantil-
» lons; son cœur, il vous l'envoie sous enve-
» loppe : vingt-cinq centimes. Merci, ma noble
» dame, d'avoir jeté quelques fleurs sur ma tête
» pendant mon séjour dans cette ville de Bayonne

» où mes clients n'exhalent pas les parfums
» d'Arabie. Non, je n'étais pas né pour ce mé-
» tier. J'étais plein de poésie; l'amour, l'amour
» seul était et devait être ma vie. Toi, cher
» ange, car je veux te tutoyer, tu es le flambeau
» que je cherchais depuis longtemps pour sortir
» des ténèbres. Allume-le bien, et tu éclaireras
» encore mes jeunes ans.

» Il se pourrait que l'autorité gouvernemen-
» tale (lisez mon affreux patron) m'envoyât sous
» peu de jours à Bayonne pour affaire majeure.
» Je cherche à l'entortiller. Cependant, si je ne
» pouvais filer, je t'écrirais pour te fixer l'épo-
» que de ton départ et abouler le billon néces-
» saire au voyage. Nous danserons au bal d'As-
» nières, à Mabille; nous visiterons le jardin
» d'hiver ainsi que divers jardins. Doux nid, tu
» m'abriteras, et je t'abreuverai des délices de
» la vie parisienne.

» Le nom de celle que j'aime,
» Nul ne le sait que moi-même, etc., etc.

» P. S. Si tu vois Auguste, le chef du Lion

» d'or, dis à ce saleur que je lui donnerai sa
» revanche au billard. A propos, Giraudon, tu
» sais, ce voyageur de Limoges qui te faisait la
» cour en même temps que moi? Tu ne le verras
» plus; il a claqué hier, on l'enterre aujour-
» d'hui. »

Cependant, reprit la Saint-Hyacinthe, deux
mois s'étaient écoulés, et la lettre promise n'arrivait pas. Je l'attendis inutilement, et me décidai à partir avec cent francs dans ma bourse.
Mes parents m'avaient donné un peu d'argent,
j'avais emprunté à mes camarades, et mes
économies avaient complété la somme. Je me
rendis à l'adresse indiquée. C'était un petit
hôtel borgne où la personne que je demandais
n'était pas connue. Je vis alors que j'étais trahie
et abandonnée. Mais enfin je n'avais pas tout
dépensé dans mon voyage, mes bijoux d'ailleurs
me restaient. Je voulus les vendre. Un orfèvre
m'en offrit vingt sous : mon amant *voyageait
pour le faux !*

Ce dernier coup m'accabla. Je rentrai à l'hôtel désespérée. Il y avait en face une fruitière
qui me parut bonne femme, et avec laquelle je
m'étais liée.

— Vous êtes triste, mon enfant, me dit-elle.
Une amourette sans doute? Contez-moi cela.

J'avais le cœur gros, je ne me fis pas prier.

— Les monstres! me dit la bonne femme,
ils sont tous les mêmes. Mais ne vous chagrinez
pas. Nous autres femmes, quand nous avons
sauté le pas, il n'y a plus de remède, il faut
en prendre son parti. Vous êtes bâtie pour vous
venger; soyez impitoyable comme ils le sont.

— Oui, dis-je, mais il faut vivre.

— C'est, en effet, répondit-elle, le plus pressé.
Voici le conseil que je vous donne : faites-vous
modèle.

— Qu'est-ce, dis-je, qu'un modèle?

Elle m'apprit qu'on appelait ainsi les hommes
et les femmes qui posent chez les peintres : — C'est
un métier de chien, ajouta-t-elle, mais qui vous
vaudra trois francs par jour pour deux ou trois

heures d'ennui. Le reste du temps vous serez libre, et si dans huit jours, belle comme vous êtes, vous n'avez pas trouvé un banquier ou un agent de change, c'est que vous aurez du malheur. J'ai une amie qui connaît beaucoup d'artistes, elle leur vend des brosses et de la parfumerie; elle nous donnera des renseignements.

L'amie en effet nous indiqua un peintre chez lequel je me rendis le lendemain dans ma plus belle toilette. J'en fus reçue de manière à être honteuse. Il croyait sans doute que je venais faire faire mon portrait. Quand j'eus expliqué le but de ma visite, il parut surpris, mais pas trop désagréablement. Il me demanda pour quoi je posais. Je répondis que je n'en savais rien, étant à mon début. Il m'examina attentivement et me dit : — Vous devez être très-bien. Les grandes femmes trompent rarement. Si vous voulez, nous allons commencer.

Ah! Pierre, je ne sais comment j'eus la force d'obéir, car c'était un ordre poli. Le peintre eut pitié de ma confusion, me parla avec douceur, m'encouragea, plaisanta, si bien que, moitié de gré, moitié de force, je me trouvai posant pour la Léda. De ma vie je n'ai reçu tant de compliments. La louange est le filet qui nous prend, et cet homme d'ailleurs était aimable. Que vous dirai-je?...

— Cela s'entend, répondit Pierre.

— Hélas! soupira la Saint-Hyacinthe, nous avons déjà tant de peine à nous défendre quand nous sommes habillées!

La séance terminée, le peintre, regardant à sa montre, me dit : — Petite, j'attends des visites; passe dans ce cabinet, qui donne sur l'escalier, tu t'habilleras et tu partiras. Reviens dans deux jours; demain j'ai modèle d'homme pour le vénérable personnage dont tu vois d'ici la barbe.

Je mis tant de temps à m'habiller, qu'il devait me croire partie quand quelqu'un entra chez lui. Voici la conversation que j'entendis :

— Bonjour.

— Bonjour... Ah! que je m'embête. Je n'ai

rien pu faire d'aujourd'hui. Est-ce que vous n'a-
viez pas un modèle ?

— Oui ; il est parti.

— Du nouveau ?

— Ravissante, mon cher : les tons les plus
chauds, un corps admirablement planté et une
tête superbe.

— Alors ça me va. Donnez-moi donc du
tabac.

— Dînez-vous au cercle, ce soir ?

— Fi donc !

— Serions-nous dans la panne ?

— Une panne atroce.

Le lendemain, je posai pour le bras, avec les
mêmes incidents. Je parcourus ainsi la maison,
habitée par huit peintres, une vraie caserne. Je
crois que j'avais fini par les aimer tous. De temps
en temps ils se réunissaient à dîner dans l'ate-
lier de l'un d'eux, et m'invitaient. Quand je
me trouvais en face d'un bon repas, au milieu
de ces huit hommes, je me sentais si heureuse

que je pleurais comme une sotte, ce qui les faisait beaucoup rire.

Je me pliais aisément à cette vie, mais je ne
voyais venir ni le banquier ni l'agent de change,
et mes profits étaient bien maigres. Ma mauvaise
étoile me fit rencontrer et aimer un jeune homme,
dont je n'ai jamais bien su la profession. Mes
malheurs datent de là; car j'ai perdu par lui ma
beauté et mon avenir. Je n'insisterai pas sur les
détails; il vous suffira de savoir qu'au rebours
de la loi, qui veut que l'homme travaille pour
la femme, il vivait par moi, et non pas moi par
lui. Ce fut une existence pleine de honte et de
misère. Ma jeunesse s'était flétrie dans sa fleur.
On voyait que j'avais été belle; pour tout homme
délicat je ne l'étais plus; mais j'avais de l'expérience et du savoir-faire.

Une de mes amies m'invita à souper avec un
homme de cinquante ans, fort riche, trompé
par sa maîtresse, et qui éprouvait le besoin de
se faire tromper encore. Jeune, belle, timide
comme je l'étais quelques années auparavant,

20.

je serais rentrée piteusement chez moi après le souper. Je fus vive, hardie, bruyante, je mis presque tous les convives sous la table; et le lendemain j'étais installée dans un riche appartement. Mais chacun de nous porte en soi le ver qui le ronge.

— A qui le dites-vous! murmura Pierre.

— Mon ver rongeur, poursuivit la Saint-Hyacinthe, était le jeune homme dont je vous ai parlé. Ses exigences croissaient avec mon bien-être. Elles devinrent si intolérables, que je dus rompre toutes relations avec lui. Sa vengeance fut horrible et digne d'un tel homme. Comme je sortais un soir du théâtre pour entrer dans ma voiture, il me jeta au visage de l'acide sulfurique. Il n'est pas rare de voir des hommes aussi bien que des femmes commettre cette lâcheté. Je fermai instinctivement les yeux, je rejetai ma tête en arrière, et c'est à ce hasard que je dois de n'être pas aveugle.

Mon protecteur parut d'abord sensible à mon malheur. Tant que dura la maladie, il se montra

plein d'attentions pour moi ; mais dès que je fus
guérie, il me déclara que des devoirs de famille
l'obligeaient à rompre notre liaison, que mon
mobilier m'appartenait, et qu'il me faisait don
d'une somme d'argent suffisante pour parer à
mes besoins les plus pressants. C'est ce qu'on
appelle généralement se conduire en galant
homme. Voyez-vous, Pierre, si j'avais vendu
tout ce que j'ai donné, l'État ne serait auprès
de moi qu'un mince rentier. Trouvez-vous que
j'aie à me louer des hommes? Belle, j'ai été un
jouet entre leurs mains ; laide, un objet de
rebut. Aujourd'hui je les tiens, je me venge, je
suis impitoyable. N'est-ce pas juste ? »

Pierre aurait eu beaucoup à répondre. Dans
les plaintes que nos malheurs ou nos mécomptes
nous arrachent contre la nature humaine, nous
ne voyons guère que les causes immédiates ;
quant à la cause médiate, au point de départ,
qui s'en occupe? Pourtant, en dépit de nous,
les événements se déroulent selon les lois de la
logique. Mais il sentait qu'il n'était pas là pour

discuter et convertir; il lisait dans les yeux de cette femme une implacable résolution; il lui dit avec calme :

« Combien vous dois-je ?

— Cent mille francs, répondit-elle du même ton.

— Vous êtes folle ! Vous me croyez riche, vous vous trompez. Cent mille francs !... C'est tout ce qu'il me reste d'une fortune qui a été assez belle, il est vrai. Si je vous les donne, une heure après je me tue. J'aime mieux me tuer et ne vous rien donner.

— Puisqu'il ne vous reste que cent mille francs, il serait trop dur de vous en dépouiller. Partageons, c'est mon dernier mot.

— Ces cinquante mille francs payés, nous serons quittes l'un envers l'autre ? demanda Pierre.

— Ma parole d'honneur ! » dit la Saint-Hyacinthe avec une effronterie masculine.

Chacun des deux trompait l'autre ; tous deux le savaient et feignaient de n'en rien voir.

« Comme vous êtes un ancien ami, reprit la Saint-Hyacinthe, je ferai tout pour ne pas trop vous gêner. Prenez des termes. Vous viendrez ici quand je vous le ferai dire ; vous jouerez avec des hommes sûrs, de mon choix, et vous perdrez jusqu'à concurrence de cinquante mille francs. Vous voyez quelle confiance je vous témoigne ; non pas si grande pourtant que je n'aie l'œil sur vous jusqu'à l'entier accomplissement de la promesse que vous allez me faire. »

Accepter cette proposition, c'était gagner du temps ; mais se faire l'esclave d'une infâme créature, se soumettre à la plus humiliante des surveillances... Qui pouvait dire d'ailleurs qu'une fois pris dans le piége il en sortirait ? Sans doute la Saint-Hyacinthe ne devait pas s'en tenir à cette première saignée, quoique copieuse ; Pierre le savait ; mais il savait aussi que, par une sorte de pudeur qui n'est pas inconnue même aux âmes les plus dégradées, elle le laisserait respirer peut-être quinze jours, peut-être un mois. C'en était assez pour mettre ordre à ses affaires,

fuir et faire perdre sa trace. Sa résolution prise,
il paya, car la Saint-Hyacinthe avait, disait-elle,
des billets échus et des créanciers pressants.

CHAPITRE TRENTE-TROISIÈME.

**Explication finale de laquelle doit ressortir le danger
des proverbes.**

Quand Pierre se trouva seul chez lui, cachant sa tête entre ses mains : « O misérable combat de la vie, s'écria-t-il, vas-tu durer longtemps encore?... Et de prétendus philosophes te prolongent au delà de ce monde! Ils nous font monter de sphère en sphère, nous épurant, disent-ils, c'est-à-dire luttant, souffrant, doutant, roulant dans l'incommensurable éternité du connu à l'inconnu. Mieux vaut la réprobation avec sa certitude. « Que signifie, ajoutent-ils, ce » ce béat repos qui nous attend au sein de Dieu? » L'homme, intelligence et matière, est fait » pour le travail. » Eh! braves gens, que nous ayons mis soixante ans pour aller jusqu'à Dieu,

ou soixante milliards de milliards de siècles,
qu'importe, puisque, même d'après vous, nous
y devons arriver enfin, toujours nous épurant?
Ou il n'y a pas de Dieu, et vous condamnez
l'homme à d'éternelles galères, ou il y en a un,
et quelle qu'ait été la durée de nos épreuves,
reposant dans son sein, nous verrons se dérouler
l'infini des temps comme s'il n'avait jamais com-
mencé pour nous. Tout cela est vrai; à moins
pourtant qu'en prononçant le mot éternité vous
ne sachiez pas plus que moi ce que vous dites.

— Je veux être pendu si j'y comprends quelque chose, dit Germain, qui depuis un moment
se tenait sur la porte écoutant Pierre, car il
parlait à haute voix. Que diable avez-vous? »

« Ne dis jamais à ton ami ce que tu ne vou-
» drais pas qu'il sût, s'il devenait un jour
» ton ennemi, » dit, sauf erreur, la sagesse
arabe. Pierre, qui jusqu'alors avait suivi ce pré-
cepte, vaincu par la nécessité, y manqua.

« Germain, dit-il, il faut nous séparer, nous
quitter pour toujours.

— Pourquoi? demanda Germain tout troublé.

— Parce que de mon éloignement, de ma disparition, de ma mort apparente, dépendent mon honneur et ma vie.

— Voyons, voyons, dit Germain effrayé de son exaltation, ayez confiance en moi; il me semble que je vous ai toujours porté bonheur. Je n'en tire pas vanité. Vous avez plus d'intelligence, plus d'esprit, plus de savoir que moi; ce n'est pas par mon habileté que je vous ai été utile, c'est tout simplement parce que je vous aime. »

Pierre garda un moment le silence, puis dit : « J'ai manqué à la plus étroite des obligations envers un ami tel que vous : je vous ai caché le secret de ma vie. Avant de nous quitter, je veux réparer ma faute : je ne me nomme pas Solis, je me cache sous ce nom, et je me cache parce que je suis un meurtrier : j'ai tué un homme. »

Pas un pli ne se forma sur le visage de Germain, tant sa foi en son ami était robuste. Il répondit : « Il y a meurtrier et meurtrier. Que

vous ayez tué un homme en duel, c'est possible;
mais vous un assassin ! ce n'est pas vrai, je le jure !

— Non, dit Pierre attendri, je ne suis pas un
assassin…. J'ai tué un homme, il est vrai, dans
une sotte querelle de jeunesse., mais devant un
seul témoin, qui est aujourd'hui mon plus mortel
ennemi : une horrible femme tombée plus bas
que la boue, que le démon acharné à ma poursuite a jetée sur ma route, et qui vient de me
faire payer mon secret cinquante mille francs. »

Germain, le lecteur a pu s'en convaincre,
n'était point un avare; mais il était agent de
change, et donner de la main à la main cinquante mille francs lui parut quelque chose de
monstrueux.

« Racontez-moi, dit-il, votre aventure avec
détail; car, en vérité, je suis hors de moi.

— Ah ! s'écria Germain avant même que son
ami eût achevé son récit, c'est donc vous qui
êtes Pierre Mendea? Où sont les cinquante mille
francs?

— Je les ai donnés il y a une heure.

— Quelle folie!

— Pourquoi? demanda Pierre.

— Pourquoi?... parce que l'homme que vous avez tué vit... malheureusement! C'est ce coquin de Griffe, de qui je tiens l'histoire. »

. . . .

Quand ils furent plus calmes, Germain dit à Pierre : « Il faut ravoir cet argent.

— Non, répondit-il, laissons cette malheureuse à sa destinée. N'oublions pas, ajouta-t-il en souriant, que je l'ai *aimée*.

— Soit, dit Germain ; mais nous allons nous remettre ensemble aux affaires, la chance est de mon côté....

— Assez, mon ami, interrompit Pierre d'un ton qui ne permettait pas d'insister. Je crois que Dieu a daigné écrire sur ma face : dupe ; car personne ne s'y trompe. La fortune, d'ailleurs, est une maîtresse trop orageuse : si elle passait près de moi, je ne lèverais pas les yeux sur elle ; si elle prenait ma main, je la retirerais. Un homme peut vivre de moins que ce qui me reste. »

Si vous rencontrez sur les boulevards exté-
rieurs, sa promenade favorite, un homme de
haute taille, un peu voûté, tenant par la main
un petit garçon et une petite fille, deux jumeaux,
c'est Pierre Mendea, qui s'est fait le précepteur
des enfants de Germain. Il a parodié à l'usage
de ses élèves un mot célèbre : quand la petite
fille, qui est très-vive, se livre à quelque vaga-
bondage d'esprit, Pierre l'arrête en lui posant
paternellement la main sur la tête : « Surtout,
mon enfant, lui dit-il, pas d'imagination ! c'est
une mauvaise herbe dont on a toujours trop,
quelque soin qu'on prenne de l'extirper. »

Après toutes les traverses qu'il a essuyées, il
se délasse en observant autour de lui ; il se féli-
cite tous les jours d'être né dans ce siècle de
progrès, le siècle des femmes et des consciences
entretenues, qui a vu le roman remplacer
l'idylle, la cellule remplacer la torture, les frais
de justice la confiscation, et les esprits sérieux

les cœurs sensibles. Dans la prévision de sa fin prochaine, il a ordonné qu'on gravât sur la pierre de son tombeau cette inscription essentiellement humaine : « Il a souffert et fait souffrir. » En attendant, c'est un philosophe qui a marché tout de travers dans la vie, mais qui est de bon conseil ; ses amis ne manquent jamais de prendre son avis dès qu'ils ont fait une sottise. Il est vrai que les bons conseils ne nous coûtent rien, le difficile est de les mettre en pratique ; aussi Lycurgue, le plus spirituel des législateurs, ne voulut-il pas vivre sous les lois qu'il avait faites.

FIN DES BONNES FORTUNES DE PIERRE MENDEA.

DON JOSÉ ARRASTOYA

ÉPISODE

DE LA GUERRE CIVILE D'ESPAGNE.

I.

Lorsqu'on a parcouru les plaines dénudées,
silencieuses, monotones quoique riches, de la
Vieille-Castille, coupées par des sierras aux
vallées pittoresques mais cachées; contemplé
comme de vieux et curieux portraits, les hidal-
gos râpés, roides, sérieux, ennuyés et honnêtes,
on se trouve comme transporté dans un monde
nouveau en mettant le pied dans les provinces
Basques. Un sol accidenté, des vallées étroites,
profondes et fertiles, des coteaux agrestes proje-
tant une vigoureuse végétation, des eaux vives
qui égayent le paysage et impriment la vie et le
mouvement à des usines; un peuple actif, labo-

rieux, bien fait, à l'allure leste, à la physionomie franche et ouverte, tel est le contraste
qu'offrent ces deux parties de l'Espagne. A des
éléments si dissemblables qu'on joigne la différence du langage, qui est radicale, et l'on com-
prendra qu'un Basque n'est pas et ne peut pas
être un Espagnol.

Si le voyageur, laissant l'Èbre derrière lui,
après avoir traversé Orduña, pénètre dans la
vallée du Nervion dont il suit le cours, trois
heures de marche le conduisent à Bilbao, capitale de la Biscaye.

C'était dans cette ville que le 3 octobre 1833
(je supplie le lecteur de croire que si j'indique
la date c'est qu'elle est nécessaire) deux hommes,
assis à une table de café, causaient après avoir
fait leur partie d'échecs. Aux yeux noirs, au
teint brun, aux gestes pétulants du plus jeune,
qui paraissait avoir trente-cinq ans, plus encore
qu'à son accent, on reconnaissait un Andalou.
Il portait l'uniforme de capitaine de cavalerie.
L'autre, homme de quarante ans environ, en

habit de ville, annonçait pourtant sa profession par une certaine rigidité d'attitude et par le ruban de l'ordre de Saint-Ferdinand attaché à sa boutonnière.

« Allons, don José, dit le premier, avouez que vous avez fait une sottise.

— Comment l'avouerais-je, don Antonio, puisque je n'ai fait que mon devoir?

— Quoi! vous donnez votre démission en refusant le serment à la reine Isabelle [1]! Vous perdez vingt années de bons et loyaux services, vous quittez vos amis, vos compagnons d'armes, une profession que vous aimez et que vous regretterez; à un avenir peut-être brillant, à coup sûr honorable, vous préférez une vie obscure et désœuvrée dans une bourgade de Guipuzcoa, et tout cela parce que dans quelques années, une petite fille au lieu d'un homme

[1] On avait exigé des fonctionnaires publics le serment de fidélité à Isabelle comme héritière présomptive, du vivant même de Ferdinand VII.

s'assoira sur un fauteuil que des imbéciles appellent un trône !

— Don Antonio Miralès est plus que christino, à ce que je vois, il est progressiste.

— Je suis philosophe, répondit le capitaine avec une satisfaction qu'il ne cherchait pas à cacher. Les gouvernements ne sont rien pour moi, le pays est tout ; je ne sers pas les hommes, je sers ma patrie.

— Vous parlez ainsi par légèreté, dit doucement don José Arrastoya, cherchant à adoucir par l'accent ce qu'il y avait de dur dans ses paroles, car c'est l'excuse des cœurs faibles et des consciences vénales. Croyez-vous donc que je ne vois dans la question qui nous divise qu'une petite fille et un homme ? Pour moi comme pour vous les personnes ne sont rien, et la patrie est tout ; mais cet être collectif ne peut vivre et prospérer qu'à de certaines conditions. Qui l'aime, discute et choisit ces conditions ; qui les accepte sans examen trahit la patrie. N'est-ce pas un spectacle digne de pitié que de voir les lois fondamentales de la monarchie s'écrouler sous la main d'un roi moribond que pousse à ce crime, car c'en est un, une femme ambitieuse et....

Don Antonio se hâta de l'interrompre.

— Ne voyez-vous pas, dit-il, que depuis des siècles l'Espagne est stationnaire et a besoin de marcher dans la voie du progrès?

— Apprenez, don Antonio, que rien dans ce monde n'est stationnaire, que tout ce qui ne croît pas décroît; c'est une loi fatale des choses créées. Je ne nierai pas l'état misérable de l'Espagne; j'accorde qu'elle est en décadence, en vertu de la loi que j'ai posée. Mais le progrès que nous désirons et que j'appelle comme vous, se réaliserait naturellement et par la force des choses, sans l'impatience des hommes, tout aussi vite que par les révolutions et plus sûrement, sans leurs désastres, leurs hontes, leurs misères, le sang qu'elles répandent et l'avilissement dans lequel elles font tomber les consciences. Je sais que notre orgueil ne s'accommode pas de ces délais; nous sommes comme des enfants ignorants et présomptueux qui cueillent des fruits verts pour les faire mûrir à l'ombre. Heureusement l'arbre est fécond.

— Jamais, répliqua don Antonio, un progrès ne s'accomplira par la voie que vous indiquez. Ceux qui mettent la machine en mouvement vivent d'abus, comment se dépouilleraient-ils? Aussi j'approuve pleinement l'acte par lequel l'ordre de succession au trône est changé. J'y vois, il est vrai, la ruine de la monarchie, mais mon pays sort de sa torpeur, et se sauve du mépris des nations et de ses propres maîtres. »

Don José sentit dans les épaules un mouvement qu'il réprima par politesse.

« Il est difficile, dit-il, d'étudier les hommes sans les mépriser. Chacun le peut, personne n'en a le droit; car tous pouvant rendre à chacun ce que chacun donne à tous, il y a compensation, et le droit est nul. Celui-là seul l'aurait qui vivrait en dehors des hommes, mais c'est impossible. Quelque délié que soit le fil qui nous rattache à la grande association humaine, il est

toujours assez fort pour traîner une honte ou
une lâcheté. Le tyran lui-même n'a pas le droit
de mépriser ses sujets. J'ignore comment s'établissait la tyrannie dans les sociétés anciennes,
nous n'avons à cet égard que des histoires poli-
tiques ; mais il y a tout lieu de croire qu'elle ne
s'y établissait pas autrement que dans les États
modernes, où elle a ses racines dans des intérêts
vivaces et menacés. Si l'homme tout-puissant
qui dirige ces États, enivré d'orgueil, s'oublie
jusqu'au mépris, c'est qu'il ne veut pas voir que
mettant à part Dieu qui règle toutes choses, il
n'est maître d'un côté que parce qu'il est instru-
ment de l'autre ; que gouvernant de sa main
droite, il sert de sa main gauche ; qu'une étroite
solidarité le lie à de puissants intérêts, et que
s'il essaye de les déserter, il verra ce que pèse
son pouvoir et ce que vaut son génie. Le mépris !
Et depuis quand serait-ce une chose honorable
que d'exploiter à son profit des sentiments que
l'on croit vils, des appétits qu'on trouve bru-
taux ? J'aimerais autant entendre dire que le

proxénète est digne d'estime quand la courtisane est vouée à la honte. Laissons donc de côté ces déclamations devenues banales, et, si vous le voulez, traitons à fond la question, uniquement parce que j'ai du temps à perdre et que vous me paraissez avoir envie de parler. »

A ce moment la voix d'un crieur de journaux annonçait la *Gazette de Madrid*, la mort de Ferdinand VII et le manifeste de la reine régente. Don Antonio se leva précipitamment, acheta la feuille et revint s'asseoir en face de don José.

« Quelle heure est-il? demanda celui-ci en laissant voir sur son visage une vive préoccupation.

— Trois heures. »

Cette réponse parut le tranquilliser.

« Voilà de grandes nouvelles, dit l'officier; commençons par le manifeste.

— Je sais ce que c'est.

— Vous l'avez donc lu?

— Non, vous voyez que la feuille est encore humide.

— Mais alors comment pouvez-vous...

— Écoutez. Voici ce manifeste ou à peu près :
« La régente est accablée de douleur par la perte
» de son auguste époux ; il n'y avait qu'une obli-
» gation sacrée devant laquelle devaient céder
» tous les sentiments du cœur qui pût lui faire
» rompre un silence commandé par la gravité
» de sa douleur et par le coup dont elle a été
» frappée... »

— C'est incroyable ! s'écria don Antonio stupéfait. Vous l'aviez lu, car ce sont presque les
mêmes termes.

— Non, vous dis-je ; mais les sentiments vrais
se devinent. »

Et un sourire effleura la bouche sévère de don
José.

« Ah ! *caramba !* dit l'officier en riant aux
éclats, voici qui va vous réconcilier avec le dé-
funt roi : par l'article dix-neuf de son testa-

ment, il ordonne de dire pour le repos de son âme vingt mille messes!

—Pourquoi pas, répondit gravement don José, s'il en sentait le besoin?

— Vingt mille messes, continua le philosophe, à dix réaux par messe, font deux cent mille réaux. Bah! l'Espagne est encore assez riche pour racheter l'âme de son roi. Allons prendre l'air sur l'Arénal. »

La conversation interrompue reprit son cours. On discuta la valeur de la pragmatique sanction du 29 mai 1830, rétablissant le droit de succession des femmes à la couronne; de l'abolition de cette même pragmatique, obtenue par surprise selon don Antonio, inspirée par le remords selon don José; le mérite de la protestation du 31 décembre 1832 contre l'acte d'abolition, en faveur de la pragmatique, toutes matières fort obscures qui ont épuisé la faconde d'orateurs plus subtils que ne l'étaient nos deux militaires.

Pendant cette discussion, un homme, vêtu du costume national, la large veste ronde, la culotte courte retenue autour des reins par une ceinture de laine, les guêtres bouffantes montant jusqu'aux genoux et les *alpargatas,* venait droit à eux d'un pas lent, mais ferme et dégagé. Quand il eut atteint les promeneurs, soulevant son béret avec cette politesse digne et fière qui distingue si éminemment le peuple transpyrénéen, il dit en langue basque : *Erraitea eta equitea, bia dire* [1].

Don José Arrastoya rougit; il prit le bras de son compagnon, et l'entraîna dans la ville.

« Où allons-nous donc? demanda don Antonio voyant la caserne devant eux.

— Chez vous.

— Je n'ai rien à faire ici, ce n'est pas l'heure de mon service. »

Don José, sans répondre, le conduisit jusqu'au seuil de la porte, et lui serra la main pour prendre congé de lui.

[1] Dire et faire sont deux.

« Ah çà, m'expliquerez-vous, dit l'officier, pourquoi vous vous obstinez à me faire entrer là?

— Parce que, répondit don José en ôtant son chapeau, notre seigneur don Carlos V est roi d'Espagne.

— Bon! dit l'Andalou en riant pendant que le Basque s'éloignait, le voilà retombé dans sa folie. »

Don Antonio Miralès était plus léger d'esprit que de caractère. Il savait son ami ferme et résolu, assez prudent pour organiser un complot, trop fier pour se mettre dans une position ridicule. Il entrevit le danger, et ne s'occupa plus que d'y porter remède. A peine avait-il donné ses premiers ordres, que, cinq heures sonnant, un effroyable tocsin ébranla la ville. Des flots de peuple armé envahirent les rues, les boutiques se fermèrent avec fracas, des cris frénétiques de vive Carlos V! meure Christine! meure l'étrangère! éclataient comme des détonations d'artillerie. L'arrivée de quelques religieux du couvent de San-Francisco de Abando donna à l'en-

thousiasme populaire un élan irrésistible. Le
corrégidor est saisi et emprisonné, la garnison
dispersée se sauve comme elle peut, et, le 3 octobre 1833, don Carlos V, est proclamé roi dans
sa capitale de Bilbao.

II.

Le tocsin de Bilbao se propagea comme les éclats de la foudre. En vingt-quatre heures la Biscaye et l'Alava furent en armes. Dix mille hommes poussaient leurs avant-postes jusqu'à Vergara et à Aspeitzia. Vittoria imita l'exemple de la capitale : Saint-Sébastien et Tolosa, restés fidèles à la cause d'Isabelle, enfermaient dans leurs murs une garnison prisonnière. Dans la Navarre, qui reconnut le nouveau roi, il ne resta à la reine que Pampelune, protégé par ses remparts et ses canons. Alors commença une de ces luttes comme les peuples n'en soutiennent que pour leur indépendance. L'insurrection, qui, du premier coup, avait couvert les

provinces basques, perdit du terrain, les villes
furent reprises; elle se réfugia dans les gorges
des montagnes, qui devinrent ses citadelles. De
leurs repaires, des chefs audacieux harcelaient,
fatiguaient, déconcertaient l'ennemi; mais l'u-
nité manquait à ce corps vigoureux. Un homme
en réunit les membres épars, les assouplit et
les dirigea. C'était Thomas Zumalacarréguy,
auquel il n'a manqué qu'une plus longue vie
pour être mis au rang des grands capitaines.
Saarsfield, Quesada, Rodil, Mina, Valdès, toutes
les vieilles réputations de l'Espagne, défilèrent
devant cet inconnu pour se faire battre par lui.
Il était toujours là où on ne l'attendait pas,
divisant les forces de l'ennemi pour le détruire
en détail. Rusé, il excellait dans les surprises. Sa
victime favorite était le général baron Carondelet;
il surprit ce galant homme et le battit trois fois.
Pendant qu'il aguerrissait ainsi ses troupes, il
les organisait avec une infatigable activité. Il
continua ce système de guerre jusqu'au moment
où, sûr de son armée, il attendit l'ennemi avec

des forces imposantes, et envoya Valdès vaincu mourir de honte et de douleur.

On a reproché à Zumalacarréguy (la passion est aveugle) les stratagèmes et les surprises qui font sa gloire, comme si l'habileté d'un général ne consistait pas à tirer parti des forces dont il dispose. Tout le monde n'a pas cent mille hommes disciplinés sous la main. Au reste, après la défaite de Valdès, il entrait dans une nouvelle phase de sa vie militaire. Il reconquit le terrain perdu par l'insurrection, enleva de vive force ou par capitulation les places qui couvraient la Vieille-Castille, assiégea Bilbao devant un ennemi que paralysait la terreur de son nom, et aurait donné sans doute un éclatant démenti aux détracteurs de son génie, si la mort ne l'eût enlevé à une cause perdue dans les décrets de Dieu.

On pouvait croire qu'après lui le parti carliste allait se dissoudre; il n'en fut rien, tant était puissante l'organisation qu'il lui avait donnée. Cette armée fit encore de grandes choses.

Elle commença d'abord par tâter le terrain devant elle en jetant à travers l'Espagne des expéditions. La plus curieuse fut à coup sûr celle de Gomez. Il rompit la ligne du blocus de l'Èbre en dépit de don Fernandez de Cordova, dont la gloire, comme le dit ce général lui-même, s'élevait plus haut que les sommets d'Arlaban [1], et pénétra dans les Asturies, poursuivi sans être inquiété. « Ce n'est pas étonnant, » disaient les habiles, il a vingt-quatre heures » d'avance sur Espartero ; mais il ne peut aller » loin. Le général Latre l'attend en Galice, et » le général Manso, parti de la Vieille-Castille, » va le prendre en flanc. » On ne sait comment il fit : de même qu'il avait eu vingt-quatre heures d'avance sur Espartero, il eut la même avance sur Latre et sur Manso. Il rançonnait les villes, frappait des contributions, levait des milices. On l'attendait dans la montagne, il descendait hardiment dans la plaine. Il passa le Minho et

---

[1] Chaîne de montagnes au nord de Vittoria.

le repassa, pour le passer encore au milieu des trois généraux, qui disaient dans leur étonne-ment : « C'est pourtant un grand fleuve! »

Il parcourut ainsi l'Espagne de l'Èbre à Algé-siras et d'Algésiras à l'Èbre, comme un homme qui se promène pour son plaisir, avec une habi-leté, une audace, un bonheur, qui couvrirent de ridicule ses impuissants adversaires. Un général, alors jeune et actif, prétendit bien l'avoir atteint à Arcos en Andalousie, et *anéanti*, après s'être emparé de quatre cent mille réaux, fruit des rapines du partisan; mais comme celui-ci rentra dans les provinces Basques à la tête de six mille hommes et suivi d'un riche butin, les sceptiques disent que le jeune général eut affaire à un faux Gomez, et restitua au trésor royal cent mille francs de fausse monnaie.

Après ces tentatives partielles, on fit un effort général, mais il était trop tard. Un étroit esprit de localité, qui est aussi de l'intolérance, avait refroidi le zèle du reste de la Péninsule pour la cause de don Carlos. Il s'agissait du sort de l'Espagne, on ne voyait que les provinces Basques. Le prince, d'ailleurs, on est bien forcé de le reconnaître, n'apportait à ses partisans que son bon droit, le désir de bien faire, et de l'indifférence pour le danger. Mais les hommes qui se dévouent demandent davantage : ils veulent dans leur chef l'ascendant du caractère, la sollicitude active qui fait chercher le mérite, la bienveillance éclairée qui le récompense d'un mot; c'est bien le moins que l'on doive à des dévouements désintéressés. Ces qualités manquèrent sans doute aussi aux successeurs de Zumalacarréguy, car ce ne fut ni l'habileté ni la bravoure. Les populations énergiques qui supportaient le poids de la guerre eurent un moment de lassitude, et la trahison en profita.

Un homme, le dernier venu dans la lutte, échappé à la vigilance de la police française, ou peut-être escorté par elle jusqu'à la frontière, arriva au quartier général, et, on ne sait par quelles intrigues, s'empara du pouvoir. A peine à la tête de l'armée, il inspira des défiances.

Les traîtres ont leur fumet comme le gibier. Je ne sais si le général Marato a trouvé des défenseurs; mais tous ses actes portent le caractère d'une trahison longtemps méditée. La séduction en bas, la terreur en haut, tel fut son système. Il se mit à l'œuvre avec une conscience qui ne connaissait pas de scrupules et un rare esprit de suite. Il commence par demander des secours d'hommes à Cabrera, afin d'entraîner une partie de l'armée du centre dans le désastre qu'il prépare; le chef aragonais a la prudence de refuser. Il fait fusiller quinze généraux ou officiers des plus braves et des plus dévoués à la cause qu'il prétend servir; il humilie son malheureux roi et l'avilit aux yeux de l'armée, en lui imposant publiquement ses volontés avec les formes de la plus insolente soumission. Jusque-là il a été perfide, cruel, et a manqué de générosité; il va faire pis encore. Il veut traiter, dit-il, et il met toutes les chances du côté de son adversaire. En quelques jours les ennemis sont maîtres de la moitié de la Biscaye. Il abandonne pied à pied ses

positions, ses forts, son artillerie; il perd ses
lignes d'opérations, recule jusqu'à la Déva, sans
combattre, sans se défendre, et, à la tête de
vingt-cinq bataillons et de dix escadrons intacts,
capitule, avec une abnégation de toute suscepti-
bilité militaire qui ne fut pas assez payée[1].

[1] Le 27 août, deux jours avant la signature du traité de
Vergara, Marato écrivait à don Carlos la lettre suivante :

« AU ROI.

« 27 août 1839.

» Sire, en me mettant aux pieds de Votre Majesté comme
je le fais au nom de mes compagnons d'armes, j'oserai dire
seulement à Votre Majesté qu'un monarque n'est jamais
plus grand que lorsqu'il pardonne les fautes de ses sujets.
Don Eustaquio Lago présentera à Votre Majesté les sentiments de mon cœur pour qu'elle daigne me faire connaître
sa souveraine volonté.

» Aux pieds de Votre Majesté.

» RAFAEL MARATO. »

Cette lettre, où se peint le repentir, était-elle un acte
d'hypocrisie? Je ne le pense pas. Le cri de la conscience?

23.

On voudrait le croire. Mais il est permis de n'y voir que les regrets de la cupidité déçue : en effet, le 26, la veille, alors que réduit à l'impuissance par sa retraite, Marato était moralement vaincu, il se plaint dans une lettre *de la subtilité et de la duplicité des propositions du chef ennemi.* Redoutable, on lui avait promis beaucoup ; faible et déshonoré, on lui donnait peu.

III.

Bien avant ces jours néfastes, lorsqu'il eut été investi du commandement en chef, en 1834, Zumalacarréguy, qui avait remarqué don José, le chargea de l'organisation d'un bataillon guipuzcoan. Satisfait de la manière dont cet officier avait rempli sa mission, le général l'attacha à sa personne en qualité d'aide de camp.

Le chef carliste, on le sait, ne laissait guère de repos à ses ennemis. Le 1er août de cette même année 1834, ayant appris que Rodil occupait le bourg du bas Amescoa avec sept cents hommes et deux cents cavaliers, il résolut de prendre possession du port d'Artaza[1], situé

1 Un *port* est un passage dans les montagnes.

sur le bourg du même nom, avec quatre bataillons de Navarre et un bataillon de Guipuzcoa,
espérant ainsi attirer l'ennemi dans une position
où il croyait pouvoir le combattre avec avantage.
Un paysan, frère de lait de don José, le même
que nous avons vu à Bilbao le jour de l'insurrection, marchait en tête de la colonne.

Une compagnie de grenadiers surprit et enleva
le poste le plus avancé; quelques hommes pourtant, parvenus à s'échapper, donnèrent l'alarme.
Les ennemis, qu'on croyait peu nombreux, sortirent par milliers des villages voisins, et, au
lieu d'attaquer, prirent position pour attendre
l'attaque. Le coup était manqué; mais les bataillons de Navarre frémissaient d'impatience, le
général les lança en avant.

Après un combat opiniâtre qui dura deux
heures, il fallut céder à des forces quadruples.
Les carlistes se retirèrent, harcelés par les gué-
rillas, poursuivis par la cavalerie partout où le
terrain lui permettait d'agir. Pendant ce mouvement de retraite, le général donna à son aide

de camp un ordre à porter à l'extrémité de la ligne, et don José partit au galop. Le terrain était boisé, il se trouva un moment égaré. Comme il débouchait dans une clairière, par le côté opposé, un cavalier christino, qui revenait de la poursuite, se présenta à lui : ils mirent le sabre à la main, et fondirent l'un sur l'autre. Dans cette passe, le soldat fut désarmé; mais, mieux monté que don José, il tourna bride, revint sur lui, et fit feu de son pistolet, dont la balle entra dans l'oreille du cheval. L'animal manqua des quatre pieds et tomba foudroyé.

La position de don José était des plus critiques : il avait lâché son sabre dans la chute. La jambe droite prise sous sa monture, le bras droit embarrassé, réduit à se servir de la main gauche, il était à la merci du soldat; celui-ci sauta lestement à terre, ramassa son sabre, passa le bras gauche dans la bride de son cheval, et se disposa à envoyer une âme au ciel.

A ce moment suprême, don José, étendant son bras libre, trouva sous sa main la fonte gauche de la selle; il y prit son pistolet, l'arma, et le coup partit avec tant de bonheur que le soldat, atteint en pleine poitrine, tomba la face contre terre sans pousser un soupir.

« Caramba! cria la voix bien connue de don Antonio, le beau coup que voilà! Je ne me trompais pas, c'est mon ami don José Arrastoya; je l'avais vu de loin. J'accourais lui dire bon jour et lui proposer de vider la querelle à nous deux, quand ce pauvre diable m'a prévenu. Mais, ajouta-t-il en voyant boiter l'aide de camp qu'il avait aidé à se relever, c'est impossible pour aujourd'hui, vous êtes trop endommagé.

— Don Antonio, dit l'officier carliste, je suis votre prisonnier.

— Mon prisonnier! répondit le colonel christino (car il portait les insignes de ce grade), y pensez-vous? Vous seriez fusillé dans les vingt-quatre heures, sans cérémonie, comme don Santos Ladron, le premier martyr de votre cause. Vous n'êtes pas des ennemis, vous êtes des rebelles. Prenez le cheval de ce soldat, et sauvez-vous; c'est le plus sûr. »

Il aida don José, tout endolori de sa chute, à se mettre en selle.

« Je vous dois la vie, dit l'aide de camp, je ne l'oublierai pas.

— Au revoir, don José, l'épée à la main, dès que vous aurez recouvré l'usage de votre bras.

— De grand cœur ! répondit fièrement don José; mais j'aime mieux espérer que nous nous embrasserons à Madrid, lorsque tous les Espagnols auront enfin compris leur devoir. »

IV.

L'Espagne est, de tous les pays chrétiens, celui qui professe le plus d'indifférence pour le sang versé et de dédain pour la vie des hommes. On voit que le sabre musulman s'est longtemps promené sur ces têtes. D'impitoyables rigueurs frappèrent l'insurrection à sa naissance : « L'in- » dividu qui aura recelé des munitions apparte- » nant aux rebelles, dit un général, comme » poudre, balles, *argent,* sera passé par les » armes.... La maison de celui qui aura fait feu » sur les troupes de la reine sera incendiée ; si ce » n'est pas le propriétaire qui a fait feu, on se » contentera de confisquer la maison et tout ce » qui s'y trouvera. » Pendant deux ans l'Espagne offrit au monde le plus horrible spectacle : les suspects comme les coupables furent froidement immolés. Dans le bas Aragon, une femme de soixante ans expie la gloire de son fils : elle est fusillée comme un soldat. Le fils, par un de ces traits que Rome inscrivait avec orgueil dans ses annales, aurait légué à la postérité le nom du bourreau, si d'horribles représailles ne lui en avaient ôté le droit. Quand les deux partis furent las de cette inutile boucherie, au bas d'un traité fait pour l'échange des prisonniers, il écrivit de sa main : « Sont exceptés de la présente convention don ***, assassin de ma mère, et moi, vengeur de cet assassinat. »

Il serait injuste et puéril de dire que la cruauté ne se trouvait que dans le parti de la reine ; mais il est certain qu'il fut le premier à en donner l'exemple. Le plus faible en appelle toujours au droit et à la loi, dont le plus fort s'affranchit volontiers ; or, l'intérêt, ce grand régulateur des actions humaines, commandait aux carlistes la modération. C'était un parti qui s'organisait, qui se recrutait, il avait plus besoin d'attirer que de repousser. Il faisait d'ailleurs peu de prisonniers, faute de cavalerie, et à ce terrible jeu des fusillades la partie n'était pas égale. Enfin, aux cris de l'Europe indignée, un traité fut conclu quand le plus faible, devenu fort, put rendre à son adversaire le mal qu'il en recevait; mais ce traité n'obligea jamais que ceux qui voulurent bien s'y soumettre. Selon son caractère, son plus ou moins d'indépendance de l'autorité supérieure, son plus ou moins d'éloignement, selon le zèle enfin, la plus féroce des bêtes féroces, chaque chef l'exécutait ou ne l'exécutait pas. Un an après ces conventions, quand le parti carliste lançait ses expéditions sur l'Espagne comme des fusées incendiaires, deux de ses chefs, Lopez et Mana, pris en Galice les armes à la main, sont fusillés. Un colonel d'Astariz, de qui émanait l'ordre, fait couper les corps en quartiers, qu'il distribue aux villes et bourgades voisines comme des morceaux de venaison. La ville de Leira fut

privilégiée : elle en reçut deux, dont une tête.
Peut-être avait-elle sollicité cette faveur, peut-
être fut-ce une punition de sa sympathie pour
les rebelles.

Le grand Zumalacarréguy était mort après
avoir ajouté à sa gloire militaire celle de signer
un traité qui rappelait la nation espagnole aux
sentiments d'humanité et au droit des gens. Il
fallut former des dépôts de prisonniers. Le bourg
d'Ataun, situé à quelques lieues de Villa-Franca,
reçut cette destination, et don José Arrastoya,
assez grièvement blessé dans un combat pour
ne pouvoir faire de longtemps un service actif,
fut nommé au commandement de la petite place.

Il y était à peine installé, qu'on lui annonça
un convoi de prisonniers. Iriarte, surpris à Guer-
nica par Simon la Torre, avait été mis en pleine
déroute. Lorsque don José alla passer l'inspection des nouveaux venus, le premier visage sur
lequel tomba son regard fut celui du colonel
Antonio Miralès. Il courut à lui, le serra entre
ses bras, donna des ordres pour l'installation

des autres prisonniers, et prenant son ami par la main, le conduisit dans sa maison.

« Avouez, dit le colonel dont la gaieté ne semblait pas altérée, avouez que j'ai du bonheur. Le traité est du 30 avril, et je suis pris le 1ᵉʳ mai! Et, comme si la fortune ne se lassait pas de me protéger, elle me place sous votre garde! Je suis votre prisonnier; mais vous êtes mon esclave. Préparez l'échiquier. Comme l'on doit s'ennuyer ici!

— Don Antonio, répondit le commandant, vous pourrez vous promener librement dans le bourg et hors du bourg. Vous n'aurez d'autre obligation que celle de rentrer à la nuit tombante, et encore sur ce point m'en rapporterai-je à votre parole. Me promettez-vous de ne pas abuser de la liberté que je veux vous laisser?

— Je jure d'être votre fidèle prisonnier.

— C'est entendu. Vous êtes ici chez vous, ma table est la vôtre, puisez dans ma bourse.

— C'est parler en *caballero*. Je profiterai souvent de votre hospitalité; quant à votre bourse, foi d'Espagnol, j'y puiserai dès que la mienne sera vide. Mais, mon cher commandant, tout en reconnaissant, comme je le dois, votre courtoisie, je vous demanderai une grâce : permettez-moi de me loger dans le bourg.

— A votre aise, répondit le commandant, je n'entends pas gêner mon hôte. »

V.

Don Antonio passa une partie de l'été et l'hiver à faire des promenades aux environs d'Ataun. Il se passionna pour la chasse, et devint le pourvoyeur de la table de son hôte. Les paysans des villages voisins, d'abord étonnés à la vue d'un uniforme de l'armée régulière, ayant appris que le prisonnier était l'ami de don José, non-seulement ne le troublèrent pas dans ses plaisirs, mais l'accueillirent avec déférence par égard pour le chef carliste, leur compatriote, aimé et respecté dans le pays. La première curiosité satisfaite, il n'attira même plus l'attention.

Presque toutes ses journées se passaient ainsi. Le soir il se rendait chez don José pour faire sa partie d'échecs. Don Antonio était habile à ce jeu ; mais, moins patient et moins réfléchi que son adversaire, il gagnait rarement. Tous les efforts de don José tendaient à le priver de sa dame, qu'il appelait alors la *reine* et enlevait de l'échiquier avec une gravité malicieuse qui exaspérait le prisonnier.

Une année s'était écoulée, on était à la fin de juin 1836. Don Antonio, assis à la table du commandant, chez lequel il avait déjeuné, lui dit : « Savez-vous que je m'ennuie ici ? On échange des officiers et des soldats ; mais mon tour ne paraît pas près de venir. A quoi pensent donc vos colonels, qu'ils ne se fassent prendre ? Si ma captivité dure encore un mois, je serai forcé de retirer ma parole. J'aime mieux être gardé que me garder moi-même ; c'est moins ennuyeux. »

Don José sourit : « Vous ne vous ennuyez peut-être pas autant que vous le dites.

— Allons, reprit don Antonio en se levant pour sortir, à ce soir ma revanche aux échecs. »

VI.

Une demi-heure après son départ, on remit des dépêches au commandant d'Ataun. Il ouvrit celle qui portait le cachet du général en chef. En la lisant, il pâlit et la laissa retomber sur la table. Puis, comme s'il ne pouvait en croire ses yeux, il la reprit et la lut de nouveau. Elle portait en substance que le général ayant appris d'une manière officielle que le brigadier don José Juan de Torrès, envoyé en mission en Aragon et fait prisonnier, avait été fusillé en violation du traité du 30 avril, il était décidé à user de représailles. « En conséquence, ajoutait le général, le lendemain du jour où vous aurez reçu cet ordre, à quatre heures du matin, vous ferez

passer par les armes le colonel don Antonio
Miralès votre prisonnier. »

Le commandant posa la dépêche sur la table
en la frappant de la main, et se promena à
grands pas dans son cabinet. A sa démarche
saccadée, au mouvement convulsif qui agitait
ses lèvres, à son regard fixe et flamboyant, on
voyait que le devoir et la reconnaissance se
livraient un combat terrible dans cette âme énergique. Trois fois il prit la plume, et trois fois
elle tomba de ses doigts. La reconnaissance enfin
l'emporta. Il transcrivit l'ordre qu'il venait de
recevoir, mit en tête : « Lisez et brûlez, » et au
bas : « Si vous poussez votre promenade jusqu'à
» Zaldivia, dites à Juan Etcheverria, mon frère
» de lait, qui m'est tout dévoué, et que vous
» avez vu ici, de venir me parler ce soir avant
» la nuit. Attendez son retour sur la lisière du
» bois qui se trouve à moitié chemin d'Ataun et
» de Zaldivia. »

Il chargea son domestique de porter la lettre
au logement de don Antonio Miralès. « S'il n'est

pas chez lui, ajouta-t-il, tu recommanderas de la lui donner dès qu'il rentrera. »

Don José, plus tranquille après avoir pris cette résolution, acheva de dépouiller sa correspondance et d'y répondre. Ce travail le retint jusqu'à l'heure du dîner. Quand il se leva de table, Juan Etcheverria n'était pas encore arrivé. Le commandant monta à l'étage supérieur, s'assit près d'une fenêtre, et, braquant sa lunette d'approche sur la route, y chercha inutilement l'homme qu'il attendait.

Les derniers rayons du soleil couchant semblèrent embraser les sommets pierreux des monts Càntabres, le crépuscule s'épaissit peu à peu, des lumières brillèrent aux habitations isolées, et la nuit tomba lentement sur la campagne.

« Allons, dit le commandant, il n'aura voulu s'en fier qu'à lui-même. Dieu le garde! »

A neuf heures du soir, il fit appeler l'officier chargé de la garde des prisonniers. Il lui communiqua l'ordre du général en chef, prescrivit d'éveiller don Antonio à minuit, de l'instruire de son sort, de lui laisser le temps de régler ses affaires, d'écrire à sa famille ou à ses amis, de le mettre en chapelle à deux heures, et de le faire conduire à quatre heures du matin au lieu de l'exécution.

VII.

L'officier venait à peine de sortir que la porte s'ouvrit de nouveau, et donna passage à don Antonio Miralès, le visage enluminé et beaucoup plus gai que de coutume.

« Vous, vous! cria don José en étendant les bras.

— Eh! oui, moi.

— Que venez-vous faire ici?

— Caramba! ma partie d'échecs.

— Malheureux fou! vous tentez Dieu, votre créateur.

— Ah çà, puisqu'il s'agit de fous, permettez-moi de vous dire que la maison en est pleine. Quand je me suis présenté chez vous, votre domestique a ouvert la bouche comme une huître qui bâille; j'ai cru que votre officier d'ordonnance et un autre qui se trouve dans l'antichambre allaient entrer dans la muraille, tant ils ont reculé en me voyant; et entre nous, don José, vous-même ne me paraissez pas avoir la tête bien saine. Que signifie cet air ébahi? Est-ce que j'aurais par mégarde emporté votre argenterie ce matin?

— Allons, je vois que vous n'avez pas reçu ma lettre.

— Quelle lettre?

— Celle que je vous ai écrite vers midi, et qu'on a laissée chez vous.

— Il est très-vrai que je ne l'ai pas reçue, n'étant pas rentré chez moi. Je me suis promené, j'ai joué au billard, j'ai fait des visites et j'ai dîné chez un des notables d'Ataun, qui honore en moi l'ami du commandant supérieur. J'ai donc dîné, très-bien dîné, et me voilà. Qu'y a-t-il?

— Vous serez fusillé demain à quatre heures.

— Fusillé! s'écria don Antonio, au mépris des capitulations!

— Vos chefs sont les premiers à les violer. Don Juan de Torrès, fait prisonnier en Aragon, a été passé par les armes. J'ai reçu du général en chef l'ordre de vous faire subir le même sort, par représailles.

— C'est impossible, don José.

— Dieu m'est témoin que je donnerais ma vie pour vous sauver. La lettre que je vous ai écrite vous avertissait en vous donnant les moyens de fuir; mais la fatalité, votre imprudence peut-être, ont rendu ma bonne volonté inutile. Il faut mourir.

— Un ami tel que moi!

— En recevant cet ordre terrible, j'ai cherché autant qu'il était en moi à concilier les devoirs du soldat et ceux de l'ami. Maintenant il est trop tard : mes ordres sont donnés, vous êtes désigné, on vous a vu entrer ici. Je peux faire à un ami le sacrifice de ma vie, de mon honneur, jamais.

— Voyons, don José, votre rigorisme manque de logique. Ce matin vous enfreigniez les ordres de votre général, et vous ne voulez pas les enfreindre ce soir !

— C'est vrai, j'ai capitulé avec mon devoir; mais, je vous l'ai dit, ce matin j'étais censé ignorer ces ordres, ce soir je les connais et les ai communiqués à mes subordonnés.

— Allons, dit don Antonio qui reprenait peu à peu son insouciance naturelle, dormez ou faites semblant de dormir. J'ouvre doucement cette fenêtre, je l'enjambe sans difficulté, car le sol de l'appartement est au niveau du jardin, j'escalade le mur, qui n'a pas plus de six pieds... »

Il se préparait à exécuter son programme, quand don José Arrastoya, étendant la main sur ses pistolets, lui dit d'une voix ferme :

« Si, moi vivant, vous faites un pas de plus pour vous approcher de cette fenêtre, je vous casse la tête. »

Cette rigueur suggéra à don Antonio une réponse qu'avec un peu de réflexion il eût sans doute retenue : « Je ne croyais pas, dit-il, que don José Arrastoya eût la mémoire si courte. »

Et croisant les bras sur sa poitrine, il se promena.

Don José tressaillit comme s'il avait été frappé au cœur. Une résolution subite, invincible, ce sentiment libérateur qui nous enlève aux angoisses de l'incertitude, détendit les traits de son visage.

« Don Antonio, dit-il, vous me connaissez assez pour savoir que je pousse la rigidité militaire jusqu'à l'exagération ; c'est mon défaut. La réflexion me montre possible ce qui m'avait d'abord paru impraticable. Qui vous a vu entrer ici ?

— Pedro votre domestique, votre officier d'ordonnance, et l'officier commis à la garde des prisonniers. La nuit est si noire, qu'excepté eux, personne ne m'a vu.

— Mon officier d'ordonnance et Pedro, il ne faut pas s'en occuper ; quant à l'autre, s'il est encore là, vous êtes libre, car, après tout, c'est moi qui commande ici. »

En disant ces mots, le commandant passa dans l'antichambre, et rentra presque aussitôt.

« Tout va bien, dit-il d'un air joyeux. L'officier n'était pas parti, je lui ai donné l'ordre d'attendre, et j'ai les moyens de m'assurer de sa discrétion.

— Don José, dit le colonel avec émotion, pardonnez-moi un mot que la dureté de vos paroles a pu seule m'arracher. Je ne suis pas un lâche ; mais autant la mort me paraît belle et glorieuse quand on l'affronte volontairement, autant il me répugne d'être abattu comme une brute. Cependant, avant de profiter de la chance de salut que m'offre votre générosité, je veux être sûr que votre honneur soit à couvert et aussi votre avenir de soldat.

— Je vous l'ai dit, interrompit don José en parlant rapidement, je suis sûr du secret. Ah ! ajouta-t-il avec l'intention évidente de convaincre le prisonnier, si l'officier eût été parti, c'en était fait; mais il est là. C'est toujours votre étoile, » dit-il en souriant.

Il écrivit quelques lignes pour Juan Etche-verria, donna la lettre à don Antonio, et lui dit : « Partez, il n'y a pas de temps à perdre. »

Il le poussa dans une pièce contiguë à son cabinet en disant : « Ouvrez la porte qui donne sur le jardin.

— Adieu, dit le colonel, et au revoir!

— Au revoir! » répondit le commandant avec un sourire étrange.

VIII.

Le front appuyé sur la fenêtre de son cabinet, il suivit de la pensée, plutôt que du regard, car l'obscurité était profonde, le fugitif, qui sans doute gagnait le mur de clôture, et quand il le crut en pleine campagne, il s'assit devant sa table.

Il y a dans la vie des circonstances plus fortes que l'homme, quoique en apparence elles lui laissent toute sa liberté. Sous l'empire d'une tyrannie morale bien autrement violente que la tyrannie matérielle, nous ne procédons pas à nos actions par le raisonnement; nous agissons d'abord, quittes à raisonner plus tard. Telle était la situation de don José. Une seule chose lui paraissait impossible : c'était de faire fusiller don Antonio. Le lecteur l'a deviné sans doute : l'officier que don José disait être dans l'anti-chambre était parti depuis longtemps, les ordres étaient donnés, toutes les mesures prises pour l'exécution, le prêtre averti, et la présence du prisonnier chez le commandant ne pouvait plus être un secret.

Qu'allait faire don José, lui, le commandant supérieur donnant à ses subordonnés l'exemple d'une infraction à la discipline militaire, de la désobéissance aux ordres du général? De quel droit, exécuteur passif d'une sentence qu'il n'avait pas portée, s'arrogeait-il le pouvoir de faire grâce, se substituant ainsi au roi? Ces réflexions l'assaillirent comme il venait de terminer une lettre dans laquelle il expliquait à son chef les motifs de reconnaissance et d'honneur qui l'avaient engagé à favoriser l'évasion de don Antonio; mais il sentait si bien qu'un pareil acte s'expie et ne s'excuse pas, qu'il repoussa le papier avec découragement.

Dans ce brusque mouvement les canons de ses pistolets se choquèrent l'un contre l'autre. Il prit l'une de ces armes et la plaça devant lui. Mais une nouvelle lutte l'attendait, celle du chrétien contre le soldat. La main droite sur son pistolet, la main gauche sur la lettre, il promenait son regard de l'un à l'autre, comme un homme qui n'a que l'embarras du choix, quand tout à coup il bondit sur sa chaise. Il venait d'être frappé d'une idée, conséquence qu'il n'avait pas prévue de sa générosité, mais conséquence terrible et inévitable. Il arma son pistolet et l'éleva à la hauteur de la tempe....

Une main, se posant sur son bras, l'abaissa sur la table. Il tourna vivement la tête.

« Encore vous! s'écria-t-il d'un ton d'impatience en voyant don Antonio derrière lui.

— Oui, toujours moi.

— Voyons, finissons-en.

— C'est justement pour cela que je suis ici.

— Pourquoi êtes-vous revenu?

— Je ne suis pas sorti. Savez-vous que, sans

nous en douter, je vous engageais à commettre et je commettais moi-même une mauvaise action? Il ne s'agit pas, en effet, continua-t-il de son ton railleur, de fusiller don Antonio Miralès ici présent, mais d'immoler une victime à l'ombre irritée du brigadier Torrès. Or, si ce n'est moi, ce sera un autre. Qui sait? un père de famille peut-être, un ami dont je regretterais la perte, un vaillant dont l'Espagne a besoin; et comme je suis l'officier du grade le plus élevé parmi vos prisonniers, votre général serait capable de me substituer deux ou trois capitaines. Certes on ne saurait trop faire pour le brigadier Torrès; mais il ne m'est pas permis de m'estimer si haut. Puisque le sort m'a désigné, que son arrêt s'accomplisse. »

Don José lui tendit la main sans répondre.

« Me promettez-vous de remplir mes dernières volontés? continua le colonel.

— Je le jure.

— Faites parvenir ce portefeuille à ma vieille mère à Séville. J'y ai tracé quelques lignes pour

elle. Vous, don José, écrivez-lui plus longuement, donnez-lui des détails...

— Moi! s'écria don José.

— Oui. A la manière dont je lui parle de
vous votre lettre sera bien venue.

— Est-ce tout? » demanda le commandant.

Don Antonio parut hésiter. Puis, entr'ouvrant
son uniforme, il prit sur sa poitrine une médaille
bénite et un petit sachet de soie qui contenait
sans doute des cheveux.

« Et ceci, dit-il, à.... (il glissa un nom à
l'oreille de don José). Je ne crois pas être indis-
cret en vous chargeant de cette commission.
On m'a souvent dit : Don José! vous pouvez tout
lui confier; ce n'est pas un homme taillé dans
la chair, mais dans le marbre. Vous voyez quelle
opinion on a de votre discrétion. Pauvre petite
médaille! ajouta-t-il en souriant, elle devait me
préserver des balles tant que je la porterais sur
moi. Il ne faut pas lui donner ce cruel démenti.

— Tout sera fait, balbutia don José pouvant
à peine articuler les mots.

« — Diable! s'écria le colonel sentant que l'émotion le gagnait aussi, minuit! Je n'ai pas la moindre envie de dormir. Et vous?

— Ni moi.

— Vous allez me donner ma revanche aux échecs.

— Y pensez-vous? s'écria don José, dans un pareil moment!... Ah! mon camarade! au nom de Dieu et pour votre salut éternel....

— Vous êtes engagé d'honneur! » répondit résolûment don Antonio.

La partie dura longtemps, car les joueurs étaient habiles. Soit que don José, troublé au fond du cœur, n'eût pas su retrouver ses combinaisons habituelles, soit qu'il voulût user de courtoisie envers son malheureux prisonnier, il fit des fautes et perdit.

«Échec et mat! cria don Antonio triomphant. Remarquez, ajouta-t-il, que votre roi est acculé à la frontière et que ma reine (il appuya ironiquement sur le mot) parcourt librement l'échiquier. Don José Arrastoya, c'est un présage.

Meurent les hommes, pourvu que la cause vive! »

Deux heures sonnèrent à la pendule. Il se leva en pâlissant un peu, et parut chercher quelqu'un dans l'appartement.

« Que vous faut-il? demanda don José.

— Vous savez, commandant, qu'un bon Espagnol ne quitte pas ce monde sans régler de petites dettes de conscience....

— J'ai prévenu vos désirs, répondit don José avec empressement, un prêtre est dans la chambre à côté. »

IX.

Quand don Antonio Miralès rentra dans le cabinet du commandant, les premières clartés de l'aube faisaient pâlir la nuit au sommet des montagnes. La brise du matin courait gaiement dans les trembles agités, la terre humide de rosée embaumait l'air de ses parfums, les oiseaux frémissaient de joie au choc électrique de la lumière, la nature pleine de séve et de vie s'éveillait pour fêter la splendeur du jour. Il s'approcha de la fenêtre et s'y accouda.

Qui sait si la pensée l'emportait vers Séville? Mais son regard semblait attaché à une blanche maisonnette assise au versant du coteau, et dont le jour naissant égayait le toit de briques.

Le bruit d'une porte s'ouvrant derrière lui l'arracha à sa muette contemplation. Un officier entra le béret à la main. Il comprit, s'avança vers don José et lui dit : « Encore une demande. Elle choque peut-être nos usages militaires, mais jusqu'ici nous ne les avons guère observés. Accompagnez-moi, afin qu'en mourant je puisse regarder le visage d'un ami et d'un brave homme. »

Il prononça le mot *regarder* avec une intention qui n'échappa pas à don José.

« Je le ferai, répondit celui-ci.

— Et ce faisant, reprit le colonel d'un ton d'amicale raillerie, vous aurez, de par l'histoire, une place entre les deux Brutus. »

Don José à sa gauche, le confesseur à sa droite, le colonel Miralès se rendit sur la place d'Ataun. Tout était préparé pour le recevoir. Lorsqu'on porta à ses yeux le bandeau qui devait lui cacher l'approche de la mort, il l'écarta doucement de la main en regardant don José. Sur un signe du commandant on n'insista pas. Don

Antonio Miralès debout, les bras pendants, la tête haute, se plaça en face du peloton, et quand l'horloge du bourg d'Ataun sonna le dernier coup de quatre heures, douze balles le frappèrent avec un ensemble et une précision qui faisaient honneur à des volontaires.

Rentré chez lui, le commandant s'agenouilla.

Après un quart d'heure de fervente prière, levant lentement les yeux vers le ciel, il cria d'une voix forte :

« Vive la religion ! Et notre seigneur don Carlos V ! »

X.

Après cette catastrophe, don José Arrastoya demanda et obtint un service actif. Il continua à guerroyer, prodigue de sa vie dont le hasard ne voulut pas, jusqu'à ce qu'enfin pieds nus, déguenillé, mais fier, il passa la frontière de France avec ses compagnons restés fidèles, le jour où leur général trahit son serment, livra le drapeau, souilla son honneur, vendit le prince dont il avait mendié la confiance, et s'anéantit dans l'obscurité, pliant sous le poids de quatre millions de réaux, afin de prouver au monde qu'il aimait sa patrie et qu'il n'avait pas de préjugés.

FIN.

26.

TABLE.

FIN DE LA TABLE.